本科"十三五"规划教材　西安交通大学通识课程系列教材

经济学导论

JINGJIXUE DAOLUN

俞炜华　周翔翼　张一　赵媛 编著

西安交通大学出版社
XI'AN JIAOTONG UNIVERSITY PRESS

图书在版编目(CIP)数据

经济学导论 / 俞炜华等编著. -- 西安：
西安交通大学出版社，2024.12
ISBN 978-7-5693-1571-4

Ⅰ.①经… Ⅱ.①俞… Ⅲ.①经济学—
高等学校—教材 Ⅳ.①F0

中国版本图书馆 CIP 数据核字(2020)第 003347 号

书　　　名	经济学导论
编　　著	俞炜华　周翔翼　张一　赵媛
责任编辑	袁　娟
责任校对	王建洪
装帧设计	伍　胜
出版发行	西安交通大学出版社 (西安市兴庆南路1号　邮政编码 710048)
网　　址	http://www.xjtupress.com
电　　话	(029)82668357　82667874(市场营销中心) (029)82668315(总编办)
传　　真	(029)82668280
印　　刷	陕西印科印务有限公司
开　　本	787mm×1092mm　1/16　印张　7.75　字数　196千字
版次印次	2024年12月第1版　2024年12月第1次印刷
书　　号	ISBN 978-7-5693-1571-4
定　　价	24.80元

如发现印装质量问题，请与本社市场营销中心联系。
订购热线：(029)82665248　(029)82667874
投稿热线：(029)82665379　微信号：yy296728019
读者信箱：xj_rwjg@126.com

版权所有　侵权必究

前　言

2015年，西安交通大学金禾经济研究中心（简称金禾中心）申报的"大学经济学"通识选修课程顺利开课，这是金禾中心老师在长期专业课程教学的基础上，将优秀教学资源惠及全校学生的一个初步尝试。为完成该课程的教学，全体参与授课的教师，在课程负责人郭誉森教授和曾卫红副教授的组织下，对课程的教学计划、教学内容和教学方法等进行了多次集体讨论；在每轮教学结束后，课程组都会召开专题会议，总结在教学中发现的问题，并讨论课程完善方案。

2016年，"大学经济学"由通识选修课程升级改造为通识核心课程"经济学导论"，并持续面向非经济学类专业学生开课。为更好地完成教学，编写一本适合通识核心课程的《经济学导论》教材的问题就摆在课程组面前。为此，金禾中心积极组织参与课程教学的四位老师组成教材编写小组，安排教材的编写工作。

在具体的课程教学和教材编写过程中，我们面临的棘手问题是如何实现广和精、趣味性和有用性之间的统一。即如何在短短32学时的课程中，向非专业学生既呈现相对完整的经济学知识体系，又传递经济学思维方式的精华内容。同时，还需要平衡各专业学生对于经济学的趣味性和经济学对于其专业的有用性问题。这两个问题也许是所有经济学通识课程需要不断努力解决的问题。本教材是我们解决上述问题的初步尝试,不足之处一定甚多,也希望读者多提宝贵意见。

教材编写团队由俞炜华教授、周翔翼副教授、赵媛副教授和张一教授四位老师组成。具体编写分工如下:俞炜华教授负责第1~4章,并负责编写的整体统筹工作;周翔翼副教授负责第5~7章;赵媛副教授负责第8章;张一教授负责第9~11章。

教学无止境。如果老师和学生们在教材使用过程中对本书的内容和结构安排有建议或意见,可以通过电子邮件联系俞炜华教授(yuweihua@mail.xjtu.edu.cn)。

编著者

2024年11月

目 录

第1章 需求、供给与均衡 ············ 001
1.1 经济学定义与基本假设 ············ 001
1.1.1 经济学的定义 ············ 001
1.1.2 经济学基本假设 ············ 002
1.2 需求 ············ 002
1.2.1 需求曲线和需求定理 ············ 002
1.2.2 需求曲线及其移动 ············ 003
1.2.3 需求变动与需求量的变动 ············ 004
1.2.4 市场需求 ············ 004
1.3 供给 ············ 004
1.3.1 供给曲线和供给定理 ············ 004
1.3.2 供给曲线和供给量的变动 ············ 005
1.3.3 供给变动与供给量的变动 ············ 005
1.3.4 市场供给与个人供给 ············ 006
1.4 均衡与供求定理 ············ 006
1.4.1 市场均衡 ············ 006
1.4.2 均衡点的变动 ············ 007
思考与练习 ············ 009

第2章 经济效率与弹性 ············ 010
2.1 经济效率 ············ 010
2.1.1 消费者剩余与生产者剩余 ············ 010
2.1.2 帕累托标准 ············ 011
2.2 弹性 ············ 011
2.2.1 需求价格弹性 ············ 012
2.2.2 需求价格弹性与生产者总收益 ············ 014
2.2.3 总收益检验与消费支出检验 ············ 014
2.2.4 供给价格弹性 ············ 014
2.2.5 需求的交叉弹性 ············ 015
2.2.6 需求的收入弹性 ············ 016

思考与练习 ·· 016
第3章　征税和补贴 ·· 017
　3.1　征税 ··· 017
　　3.1.1　向卖者征税如何影响市场结果 ································ 017
　　3.1.2　向买者征税如何影响市场结果 ································ 018
　　3.1.3　税收楔子 ··· 018
　　3.1.4　税负归属分析 ·· 018
　　3.1.5　税收的福利分析 ·· 019
　　3.1.6　税收变动时的无谓损失和税收收入 ·························· 019
　3.2　补贴 ··· 020
　　3.2.1　向卖者补贴如何影响市场结果 ································ 021
　　3.2.2　向买者补贴如何影响市场结果 ································ 021
　　3.2.3　补贴楔子 ··· 022
　　3.2.4　补贴归属分析 ·· 022
　　3.2.5　补贴的福利分析 ·· 022
　　思考与练习 ·· 023

第4章　政府管制与市场还击 ·· 024
　4.1　价格管制 ·· 024
　　4.1.1　价格上限 ··· 024
　　4.1.2　价格下限 ··· 026
　4.2　数量管制 ·· 027
　4.3　价格管制：陈相和孟子的争论 ······································ 029
　　思考与练习 ·· 030

第5章　消费者选择理论 ·· 031
　5.1　预算约束 ·· 031
　5.2　消费者偏好 ·· 032
　　5.2.1　偏好的定义和公理 ··· 032
　　5.2.2　对偏好公理的再思考 ·· 033
　　5.2.3　偏好的刻画 ··· 036
　5.3　最优选择 ·· 038
　　5.3.1　消费者的最优化选择 ·· 038
　　5.3.2　收入变动的影响 ·· 039
　　5.3.3　价格变动的影响 ·· 039
　　5.3.4　吉芬商品 ··· 041
　　5.3.5　工资与劳动供给 ·· 042
　　5.3.6　利率与家庭储蓄 ·· 044
　　5.3.7　消费者的真实决策 ··· 045

思考与练习 ·· 045

第6章 生产者行为理论 ··· 047
6.1 成本的概念 ··· 047
6.2 生产函数与边际产量 ····································· 048
6.3 各种不同类型的成本 ····································· 051
思考与练习 ·· 055

第7章 市场结构 ··· 058
7.1 完全竞争市场 ·· 059
7.1.1 竞争性厂商的利润极大化 ························· 059
7.1.2 停业与退出市场 ····································· 060
7.1.3 竞争市场的供给曲线 ······························ 062
7.2 垄断 ·· 064
7.2.1 垄断厂商的利润极大化 ···························· 064
7.2.2 垄断造成的福利损失 ······························ 066
7.2.3 价格歧视 ·· 067
7.2.4 对垄断的管制 ·· 068
7.3 垄断性竞争 ·· 069
7.3.1 垄断竞争厂商的利润极大化 ····················· 069
7.3.2 关于广告 ·· 071
7.4 寡占 ·· 072
7.4.1 寡占厂商的利润最大化行为 ····················· 073
7.4.2 博弈论 ··· 075
7.4.3 政府对寡占的管制 ································· 077
7.4.4 我国对平台经济的反垄断监管 ·················· 078
思考与练习 ·· 079

第8章 公共物品和外部性问题 ································ 081
8.1 经济效率与环境问题 ····································· 081
8.2 公共物品和外部性 ·· 082
8.2.1 公共物品 ·· 082
8.2.2 外部性 ··· 083
8.2.3 公地的悲剧 ··· 086
8.3 矫正市场失灵的政策工具 ······························· 087
8.3.1 政府进行管制的政策目标 ························· 087
8.3.2 污染管制工具 ·· 087
思考与练习 ·· 089

第9章 国民经济核算 ·· 090
9.1 国民收入衡量 ·· 090

        9.1.1 生产法衡量GDP ……………………………… 090
        9.1.2 支出法衡量GDP ……………………………… 092
        9.1.3 收入法衡量GDP ……………………………… 092
        9.1.4 名义GDP和实际GDP ………………………… 093
        9.1.5 什么是好的GDP ……………………………… 094
    9.2 生活成本衡量 ………………………………………… 094
        9.2.1 消费者价格指数 ………………………………… 095
        9.2.2 CPI和GDP平减指数 …………………………… 095
        9.2.3 CPI存在的问题 ………………………………… 095
        9.2.4 通货膨胀率 ……………………………………… 096
    思考与练习 ……………………………………………………… 097

第10章 经济增长与制度政策 ……………………………………… 098
    10.1 经济增长 ……………………………………………… 098
        10.1.1 索洛模型 ……………………………………… 099
        10.1.2 内生增长模型 ………………………………… 102
    10.2 经济制度与政策 ……………………………………… 103
        10.2.1 促进经济增长的政策 ………………………… 103
        10.2.2 制度与经济增长 ……………………………… 104
    思考与练习 ……………………………………………………… 105

第11章 货币与波动 ………………………………………………… 107
    11.1 货币供给与货币需求 ………………………………… 107
        11.1.1 货币 …………………………………………… 107
        11.1.2 货币供给 ……………………………………… 108
        11.1.3 货币需求 ……………………………………… 109
        11.1.4 均衡物价水平的决定 ………………………… 109
    11.2 总供给和总需求 ……………………………………… 110
        11.2.1 总供给 ………………………………………… 110
        11.2.2 总需求 ………………………………………… 111
        11.2.3 均衡水平 ……………………………………… 112
    11.3 经济波动 ……………………………………………… 112
        11.3.1 经济冲击 ……………………………………… 112
        11.3.2 分析经济波动 ………………………………… 113
    思考与练习 ……………………………………………………… 114

参考文献 ……………………………………………………………… 115

第1章

需求、供给与均衡

本章分为两个部分,第一部分作为全书的引言,介绍经济学的定义和基本假设;第二部分则介绍经济学最基本、最有用的分析工具——需求和供给。

◆ 1.1 经济学定义与基本假设

1.1.1 经济学的定义

经济学是一门研究人类经济行为的社会科学,经济学所讨论的是各种经济行为之间所隐含的因果关系。什么样的行为才能被称为经济行为呢?经济学认为与选择相联系的行为就是经济行为,一些经济学家也直接将经济学定义为"关于选择的科学"。

作为行为人,无论是个人还是社会,均无时无刻面临着选择。一个国家领导人,面临着财政资金偏向生产大炮(军事)还是生产黄油(民生)的选择;大学本科生,在期末考试即将到来的周末,面临着复习高等数学还是学习大学物理之间的选择。为了得到喜爱的一件东西,我们通常不得不放弃另外一件喜爱的东西。鱼和熊掌不能兼得,我们在做出决策时,常需要进行一个目标与另外一个目标之间的权衡取舍。

为什么我们会面临如此多的选择呢?因为资源是稀缺的。资源的稀缺或有限,是相对于人类的欲望而言的,而不是一个绝对的概念。如果人类想要的数量低于资源的数量,那么资源就是无限的;反之,就是有限的。古人云:"欲多而物寡,寡则必争矣。""争"则必须要付出代价,才能取得稀缺资源。即使一个人拥有很多的钱,他也面临诸多稀缺资源的配置问题,如比尔·盖茨就面临时间稀缺的问题。

为什么能够做出选择?因为资源是有多种用途的。如时间既可以用来看书,也可以用来陪女朋友看电影;既可以用来和朋友聊天,也可以陪家人去公园走走。在每一个特定的时刻,各种不同的选择对你的价值是不一样的。如在平时,女朋友叫你去逛街,你有求必应,但考试将近,你的线性代数还有一章没有看,你面临着陪女朋友逛街还是复习线性代数的选择,此时你可能会选择去教室复习线性代数而不是陪女友逛街。如果在此时,你女朋友逼你陪她去逛街买衣服,并且威胁说如果你不去逛街的话就和你分手,而你又认为她的这种威胁是可信的,则你选择的天平就可能不得不重新偏向陪女友逛街了。

由此可见,我们的选择依赖于我们面临的境况。在特定的情况下,任何东西都有可能比其他东西更有价值。

总结而言，经济学是研究如何把有限的资源配置到多种相互冲突用途上的一门学问，当一种行为只有同时满足"有限资源"和"竞争性用途"这两个条件时，才能纳入经济学分析的研究范围。

1.1.2 经济学基本假设

经济学是一门以理性和自利假设作为分析的逻辑起点，研究人类行为的学科。

1. 理性

理性是指人们总在特定的约束条件下，在各种可能选择中，做出最有利于自己目标实现的选择。值得强调的是，在经济学中，最大化的目标并不仅仅局限于收入或利润，而是效用最大化。在效用函数中，收入、风险、休闲、名誉等都包括在内，而且这些目标之间存在替代关系。

如何看待我们在现实生活中所见到的一些"不理性行为"呢？经济学作为一门社会科学，它考虑的是在相同的约束条件下，绝大多数人会如何反应，那些精神病患者、醉酒者等已经丧失思考能力的人是被排斥在理性人之外的。除此以外，当研究者发现了所谓"不可理喻"的行为时，通常并不是行为者行为的不理性，而是研究者对行为者约束条件的不了解，因为理性人的行为背后总是蕴含着合理的原因，下面举例说明。

在传统的犯罪学研究中，经常将犯罪分子当作非理性人，即犯罪是基于冲动，而不是理性的思量。诺贝尔经济学奖获得者贝克尔教授认为，一个人是否会从事非法的事情，是基于成本收益理性思量的结果，他进而开创了一门新的学科——犯罪经济学。一天，贝克尔教授驱车从郊区前往位于市区的哥伦比亚大学参加一个学生的博士论文答辩，因路上堵车，到哥伦比亚大学时博士论文答辩即将开始。这时，贝克尔教授面临两个选择：一是遵守法律，找停车位，但要花费比较长的时间，参加学生的博士论文答辩一定会迟到；二是不遵守法律，将车随便停在路边，这样的话，参加学生博士论文答辩就不会迟到，但会面临被贴罚单的危险。贝克尔教授选择了第二个。在停车后去答辩现场的路上，贝克尔教授一直在思考这个问题：作为一个知名大学的教授，为什么会去做违背法律的事情呢？就这样，贝克尔教授基于自身经验，将犯罪现象也纳入理性分析的框架。

2. 自利

在经济学中，自利是一个中性词。所谓自利是指人会"趋利避害"，即设法追求自己的福祉。"天下熙熙，皆为利来；天下攘攘，皆为利往"。需要强调的是，人在"趋利避害"的过程中，并不一定会侵犯或伤害别人的福祉。利己是自私的，但不一定损人，除非损人是达成利己目标代价最小的方法。而很多时候，要达成利己的目标，代价最小的方法可能恰恰是利他。同时，个人所追求的利包括物质、心理和精神等方面，因此，"自利"和给边远地区的小学生捐款并不冲突，因为在你给他们捐款的过程中，你在心理上得到了帮助人的快乐，即你的福祉上升了。

1.2 需求

1.2.1 需求曲线和需求定理

需求量是指消费者愿意并能够购买的一种商品或服务的数量。"愿意"表示主观上有这个需要,"能够"表示具有购买能力。需求是购买欲望和购买能力的统一。

对一种物品的需求由多种因素,如价格、偏好、其他商品的价格、收入等决定,用函数表示就是

$$D_X = f(P_X, I, P_Y, \cdots) \tag{1-1}$$

其中,D_X 表示对物品 X 的需求;P_X 和 P_Y 分别表示物品 X 的价格和物品 Y 的价格;I 表示偏好。

在所有决定需求的因素中,价格在其中起着最重要的作用,因此,(1-1)式可以简化为

$$D_X = f(P_X) \tag{1-2}$$

经济学将价格与需求量之间的关系归纳为价升量跌的需求定理,即在其他条件不变时,一种物品的价格上升,对该物品的需求量将减少;一种物品的价格下降,需求量将增加。

需求曲线是指一种商品价格与需求量之间关系的图形,图1-1就是需求曲线。在图1-1中,纵轴表示价格,横轴表示需求量。需求曲线是指一种物品的价格与需求量之间关系的曲线,是需求量与价格关系的形象反映。"价升量跌"的需求定理表现在需求曲线中,就是需求曲线向右下方倾斜。

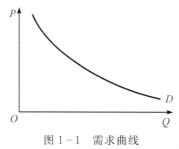

图 1-1 需求曲线

1.2.2 需求曲线及其移动

需求曲线假设除价格以外,其他条件不变。如果某种因素碰巧改变了任何一种既定价格下的需求量,需求曲线也会发生移动。如考试周即将到来,学生对笔的需求就会增加。

当价格之外的因素变化引起购买数量发生变化时,我们称这种变化为需求变动。当所要购买的数量在每一价格水平上都增加时,需求曲线向右移动,我们称之为需求增加。当所要购买的数量在每一价格水平上都减少时,需求曲线向左移动,我们称之为需求减少。

在图 1-2 中,曲线 D_1 是图 1-1 中的需求曲线,即平时对笔的需求曲线,曲线 D_2 为考试周即将到来时对笔的需求曲线。由于此时在各种价格下对笔的需求量都增加了,新的曲线 D_2 也就在曲线 D_1 的右上方,即对笔的需求量增加。

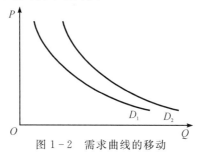

图 1-2 需求曲线的移动

经济学家确信有以下四个主要因素会使得某种商品的需求曲线发生移动。

(1)收入。我们可以将商品分为三类:奢侈品、正常品、低档品。对于奢侈品和正常品,收入增加,需求也会增加。如随着收入的增加,你对知名品牌衣服的需求会增加,因为这些知名品牌的衣服是正常品(其中一些品牌为奢侈品)。低档品的一个例子是公共汽车,随着收入的增加,你会选择打出租车或开私家车上班,而不是乘公交车。

(2)相关物品的价格。我们可以将相关物品分为替代品和互补品。替代品是指一种物品的价格上升引起另一种物品需求量增加的两种物品,如五粮液和茅台酒、茶叶和咖啡、猪肉和牛肉等。互补品则是指一种物品的价格上升引起另一种物品需求量减少的两种物品,如咖啡和咖啡伴侣、汽油和汽车等。

(3)偏好。如果你喜欢某样物品,你就会多买一点。经济学通常并不能解释为什么会有这种偏好,因为决定偏好的是历史和心理因素,但经济学家可以解释当偏好发生变动时,需求会发生什么样的变化。如消费者对某种商品的偏好增加,则会增加对该商品的需求,从而促使需求曲线向右上方移动。广告在一定程度上影响着消费者的偏好,而这也是许多厂商在各大媒体进行广告轰炸的原因之所在。

(4)预期。你对未来的预期,也会影响你现在的消费行为。如现在你已经大四了,半年后将会去一家效益非常好的公司工作,经济学就能预测你会比没有找到工作之前购买更多更好的商品。又如你预期下个月数码相机将会有大的降价,那么你就有可能将数码相机的购置计划从本月转移到下一个月。

1.2.3 需求变动与需求量的变动

价格变化对需求量变动的影响,我们称之为需求量的变动;除价格外其他因素的变化对需求量变动的影响,我们称之为需求的变动。我们可以从需求曲线的变化来说明需求量的变动和需求变动:前者表现为沿着需求曲线移动,后者表现为整条需求曲线的移动。

为记住这个结论,我们需要记住以下法则:只有当除了用坐标轴表示的变量以外的其他相关变量变动时,曲线才会移动。由于价格用纵轴表示,所以,价格的变动表现为沿着需求曲线的变动。与此对应的是,收入、相关物品的价格、偏好、预期等不用任何一条坐标轴表示,因此其中任何一种变量的变动都将使需求曲线移动。

1.2.4 市场需求

以上我们讨论了消费者的个人需求。为了分析市场如何运行,我们需要确定市场需求量,市场需求量是该市场所有个人对某种特定物品或劳务需求量的总和。

一个市场的需求量是该市场所有买者在每一价格水平下需求量的总和。因此,可以通过把个人需求曲线水平相加得出市场需求曲线。市场需求曲线表示在其他因素不变时,一种物品的总需求量如何随该物品价格的变动而变动。

◆ 1.3 供给

1.3.1 供给曲线和供给定理

供给量是厂商愿意并且能够出售的某种商品或服务的数量。供给量同样是"愿望"和"能力"的统一体。

供给定理是指其他条件不变时,一种物品价格上升,该物品供给量将增加;价格下降,该物品供给量也将减少。

供给曲线是指一种商品价格与供给量之间关系的图形,图1-3就是供给曲线。物品的价格在纵轴,供给量在横轴,建立坐标系,可以画出供给曲线。由供给定理可知,供给曲线向右上方倾斜,即价格越高,供给越多,价格越低,供给越少。

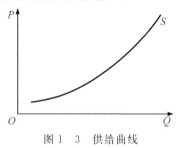

图1-3 供给曲线

1.3.2 供给曲线和供给量的变动

供给曲线假设其他条件不变,当这些因素中的一个及以上发生变动时,该曲线也将随之移动。使每一种价格水平的供给量都增加的任何一种变动,都会使供给曲线向右移动,我们称之为供给增加;使每一种价格水平的供给量都减少的任何一种变动,都会使供给曲线向左移动,我们称之为供给减少。

我们同样可以由供给曲线表示供给量变动和供给变动。供给量变动是指价格变化时,厂商愿意生产和销售的数量沿供给曲线移动。供给变动则指除价格外,任何一种决定供给的因素变动所导致的供给曲线的移动。如现在发生制笔技术的进步,在每一个价格水平上,笔的生产商(和供给商)愿意提供更多的笔,供给曲线向右移动。

决定供给变动的因素主要有以下几点:

(1)投入品价格(成本)。一种物品的供给量与生产这种物品所用的投入品的价格负相关。如在其他条件不变的情况下,芯片价格的上升会导致数码相机价格的上升。

(2)技术。技术进步促使企业在投入品数量不变的前提下增加产量,即产品的供给增加。

(3)预期。企业现在的供给量还取决于对未来的预期。当厂商预期下个月数码相机要涨价时,他们的理性反应就是将现在生产的一部分数码相机储存起来,通过减少现在供给的方式增加未来供给。

1.3.3 供给变动与供给量的变动

价格变化对供给量变动的影响,我们称之为供给量的变动;除价格外其他因素的变化对供给量变动的影响,我们称之为供给的变动。我们可以从供给曲线的变化来说明供给量的变动和供给变动:前者表现为沿着供给曲线移动;后者表现为整条供给曲线的移动。

为记住这个结论,要记住以下法则:只有当除了用坐标轴表示的变量以外的其他相关变量变动时,曲线才会移动。由于价格用纵轴表示,所以,价格的变动表现为沿着供给曲线的变动。与此相对应的是,投入品价格、技术、预期等不用任何一条坐标轴表示,因此其中任何一种变量的变动都将使供给曲线移动。

1.3.4 市场供给与个人供给

正如市场需求是所有买者需求的总和一样,市场供给也是所有卖者供给的总和。市场供给量是该市场在每种价格水平下所有卖者的供给量之和。因此,可以通过水平地相加个人供给曲线得出市场供给曲线。市场供给曲线表示,在其他条件不变的情况下,该商品的总供给量如何随其价格的变动而变动。

◆ 1.4 均衡与供求定理

1.4.1 市场均衡

均衡价格是使得供给量等于需求量的价格。均衡数量是当价格调整到供给与需求相等时的供给量与需求量。在均衡价格下,买者愿意而且能够购买的数量刚好与卖者愿意而且能够出售的数量相一致。由此可知,市场均衡是指价格等于均衡价格,且交易量等于均衡数量的一种情况。市场均衡见图 1-4。

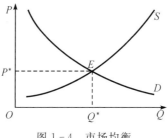

图 1-4 市场均衡

那么,市场为什么会处于均衡状态呢?经济学认为在没有人为力量干预的情况下,市场力量能自发地达到供给等于需求的均衡状态。当市场价格高于均衡价格时,市场价格会下降;当市场价格低于均衡价格时,市场价格会上升。

为什么市场价格高于均衡价格就会下降?我们可以用图 1-5 来分析。从图 1-5 可知,当市场价格 P_2 高于均衡价格 P^* 时,供给量 Q_2 就会超过需求量 Q_1,即出现了产品过剩。供给超过需求意味着一些想卖出自己商品的人找不到愿意买自己商品的人,这促使那些卖不掉商品的卖主为了从卖出去商品的卖主那里争取到顾客而降低价格。不降价的卖主将找不到买主。降价的结果是推动当前的市场价格降低,直到达到均衡价格为止。只要价格高于均衡价格,商品的价格将会下降。

当市场存在短缺的时候,会有一些人无法以现有的价格买到商品。从图 1-6 可知,当市场价格 P_2 低于均衡价格 P^* 时,供给量 Q_2 就会小于需求量 Q_1,即出现了产品的短缺。此时,要么买方意识到得出更高的价格,要么卖方意识到应该要更高的价格。不论哪一种方式,结果都是推高了原来的价格。只要价格低于均衡水平就会发生短缺,而只要存在短缺,价格就会升高。所以,只要价格低于均衡价格,市场价格就会上升。

价格是在市场竞争中自发形成的。当某种商品的供给大于需求时,生产者为了将东西卖出去会竞相降价;当某种商品的供给小于需求时,消费者为买到东西会竞相提价;当供给和需求相等时,既不会提价也不会降价,这时的价格就是市场均衡价格。这里面存在一个著名的经济学原理:卖方倾向于和其他卖方竞争,买方倾向于和其他买方竞争,而不是买方和卖方之间的竞争。

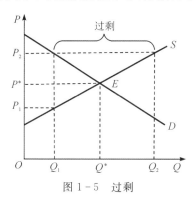

图 1-5 过剩

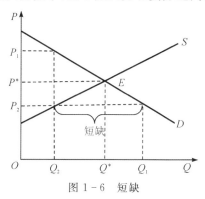

图 1-6 短缺

因此,许多买者和卖者的活动自发地使市场价格向均衡价格移动。一旦市场达到其均衡价格,所有的买者和卖者都得到满足,也就不存在价格上升或下降的压力。不同市场上达到均衡的速度是不同的,这取决于价格调整的速度。在大多数自由市场上,由于价格最终要变动到其均衡水平,所以,过剩和短缺都只是暂时的。实际上,这种现象非常普遍,因此被称为供求定理:任何一种物品价格的调整都会使该物品的供给和需求达到平衡。

1.4.2 均衡点的变动

通过前面的学习,我们已经明白了供给和需求如何共同决定市场均衡,市场均衡又决定了物品价格,以及买者所购买和卖者所生产的该物品数量。均衡价格和数量取决于供给曲线和需求曲线的位置。当某些事件使其中一条或两条曲线移动时,市场上的均衡就改变了,从而将在买者和卖者之间产生新的均衡价格和均衡数量。下面以新能源汽车市场为例进行说明。

1. 需求的变化

假设某市对新能源汽车出台鼓励消费者购买的政策,如对新能源汽车不采取限行措施,可以走公交车道,减免税费,等等。这种情况将如何影响该地区的新能源汽车市场呢?

该市地方政府鼓励政策的出台,使得民众购买新能源汽车的积极性增加,所以,需求曲线向右移动。图 1-7 表示随着需求曲线从 D_1 移动到 D_2,需求增加了。这种移动表明,在每一种价格水平下,对新能源汽车的需求量都增加了。因为鼓励新能源汽车的政策并不直接影响生产和销售新能源汽车的企业,所以供给曲线不变。正如图 1-7 所示,需求增加使均衡价格上升,均衡数量增加。换句话说,政府的鼓励政策提高了市场上新能源汽车的价格,增加了新能源汽车的销售量。

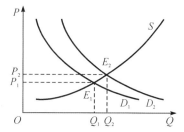

图 1-7 需求的变动与均衡的变动

我们注意到,当政府鼓励购买政策使民众对新能源汽车的需求增加,并使其价格上升时,尽管供给曲线仍然相同,但企业供给的新能源汽车数量增加了。在这种情况下,经济学家说,"供给量"增加,但"供给"不变。

供给是指供给曲线的位置,而供给量是指供给者希望出售的数量。在这个例子中,供给没有改变,因为政府鼓励购买的政策并没有改变在任何一种既定价格水平上企业的销售愿望,而是改变了在任何一种既定价格下消费者的购买愿望,从而使需求曲线向右移动。需求增加,引起均衡价格上升。当价格上升时,供给量增加了。这种供给量的增加表现为沿着供给曲线的移动。

2. 供给的变化

假设在国际市场上,作为新能源汽车核心组件的电池的价格上升了。这一事件将如何影响新能源汽车市场呢?

作为投入品之一,电池的价格上升影响了新能源汽车供给曲线。它通过增加生产成本,减少了企业在任何一种既定价格水平下生产并销售的新能源汽车数量。这导致供给曲线向左移动,即在任何一种价格水平下,企业愿意并能够出售的数量减少了。因投入品成本的增加并没有直接改变家庭希望购买的新能源汽车数量,故需求曲线不变。图1-8表明,随着供给曲线从 S_1 移动到 S_2,供给减少。供给曲线移动使均衡价格上升,均衡数量减少。即由于电池价格上升,新能源汽车的价格上升了,而销售量减少了。

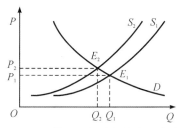

图1-8 供给的变动与均衡的变动

3. 需求和供给都变动

现在假设政府鼓励消费政策出台和电池价格的上升同时出现,这又将如何影响新能源汽车市场呢?

政府鼓励消费政策影响需求曲线,因为它改变了家庭在任何一种既定价格水平下想要购买的新能源汽车数量。同时,当电池价格上升时,它改变了新能源汽车的供给曲线,因为它改变了企业在任何一种既定价格水平下想要出售的新能源汽车的数量。这导致需求曲线向右移动,而供给曲线向左移动。正如图1-9所示,根据需求和供给变动幅度的相对大小,可能会出现两种结果。在这两种情况下,均衡价格都上升了。在图1-9(a)中,需求大幅度增加,而供给减少很少,均衡数量增加了。与此相反,在图1-9(b)中,供给大幅度减少,而需求增加很少,均衡数量减少了。因此,综合来看,这些事件肯定会提高新能源汽车的价格,但它们对新能源汽车销售量的影响不确定。

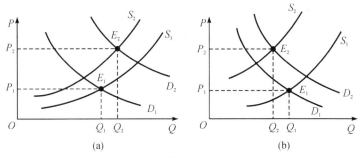

图1-9 供求都变动与均衡的变动

经济学家在总结需求或(和)供给变动对均衡价格和数量变动影响的基础上,得出结论,在其他条件不变时:

(1)需求增加(减少),均衡价格上升(下降),均衡数量增加(减少);

(2)供给增加(减少),均衡价格下降(上升),均衡数量增加(减少);

(3)供给和需求都增加(减少)时,均衡数量增加(减少),但均衡价格可能上升、下降或不变,取决于需求和供给变动的幅度;

(4)供给增加(减少)和需求减少(增加)时,均衡价格下降(上升),但均衡数量可能上升、下降或不变,取决于需求和供给变动的幅度。

 思考与练习

1. 为什么说经济学是关于选择的科学?稀缺和选择之间存在什么样的关系?

2. 如果化疗的价格下降,你觉得会不会有更多的癌症患者选择化疗?如果化疗的价格翻了三倍,选择化疗的人会不会减少?这说明化疗的需求曲线是怎么样的?是垂直的吗?

3. 下雪天早上8点的课,上课的学生会不会比平时少?这符合需求定理吗?在这里,"价"是什么,"量"是什么?

4. 分析下述事件对西安商品房价格的影响。

(1)西安在国内率先开放落户限制,大量人口落户西安。

(2)西安城中村改造加速,大量的城中村被拆迁,土地流入市场。

5. 假设科学家发现多吃大豆可以防止心脏病:

(1)预期大豆的价格会有什么样的变化?

(2)预期玉米(通常适合种植大豆的土地也适合种植玉米)的价格会有什么样的变化?

6. 假设你是一个很冲动的人,非常喜欢买笔,买了很多笔,但使用的机会却不多,这是不是说明你不是一个理性人?为什么?

7. 预期华为笔记本一周后降价,则本周对华为笔记本的需求会(　　),供给会(　　),价格(　　),均衡数量(　　)。

8. 假设你是烟台一家葡萄酒厂的经理,你认为下述事件将如何影响你对酒的定价?

(1)同档次法国酒的价格下跌;

(2)因劳动力短缺,用工成本增加;

(3)中国新出现了大量葡萄酒厂;

(4)玻璃瓶的价格出现大幅度的上涨;

(5)研究人员开发了新的技术,酿酒的成本大幅度下跌;

(6)消费者的平均年龄上升,且相对而言,年龄较大的人会多喝葡萄酒,少喝白酒。

9. 假设某年因为猪瘟,猪肉的供给量特别少,这会不会导致猪肉短缺?为什么?

10. 诺贝尔经济学奖获得者弗里德曼认为,需求定理在解释纷繁复杂的人类行为上具有惊人的解释力,即使是非市场行为,也可以用需求定理去进行解释。值得强调的是,在解释非市场行为时,应将需要中的"价"理解为"代价"。试举身边一例非市场行为,并用需求定理去解释它。

第 2 章

经济效率与弹性

本章主要介绍两个部分,第一部分为经济效率的衡量标准;第二部分为弹性相关概念的介绍。

◆ 2.1 经济效率

衡量经济效率(福利)的方法有很多,主要有消费者剩余与生产者剩余、帕累托标准两种,下面我们分别介绍之。

2.1.1 消费者剩余与生产者剩余

消费者剩余测量消费者从市场交易中获得的净收益,生产者剩余测量生产者从市场交易中获得的净收益,生产者剩余和消费者剩余之和衡量市场交易产生的总收益。

在市场上,消费者按现行价格购买商品,但对于多数消费者而言,其购买商品愿意付出的价格高于市场均衡价格。消费者剩余是指消费者购买一定数量某种商品的市场价格与其愿意付出的最高价格之间的差额,衡量了买者自己感觉到的所获得的额外利益。如市场上笔的价格是 5 元一支,某消费者购买了 5 支,该消费者愿意为第一支笔支付 10 元,而实际上他支付了 5 元,从心理上他感觉占了 5 元钱的便宜;该消费者愿意为第二支笔支付 9 元,而实际上他支付了 5 元,从心理上他感觉占了 4 元钱的便宜;以此类推,就可以计算消费者的消费者剩余。消费者剩余可以用需求曲线下方、价格线上方和价格轴围成的近似三角形的面积表示。具体见图 2-1。

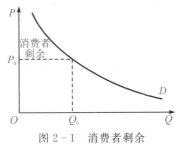

图 2-1 消费者剩余

在市场上,生产商按现行价格出售商品,但对于多数生产商而言,其出售商品的价格高于其愿意出售商品的最低价格。生产者剩余是指生产者出售一定数量某种商品的市场价格与其愿意接受的最低价格之间的差额,衡量了生产者自己感觉到的所获得的额外收益。如市场上笔的价格是 5 元一支,某生产者生产了 5 支,该生产者愿意以 3 元价格出售第一支笔,而实际上他得到了 5 元,从心理上他感觉占了 2 元钱的便宜;该生产者愿意以 3.5 元价格出售第二支笔,而实际上他得到了 5 元,从心理上他感觉占了 1.5 元钱的便宜;以此类推,就可以计算生产者的生产者剩余。生产者剩余可以用供给曲线上方、价格线下方和价格轴围成的近似三角形的面积表示。具体见图 2-2。

生产者剩余和消费者剩余之和衡量了整个社会从该市场交易中得到的总的福利。具体见图 2-3。

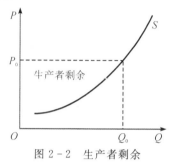
图 2-2 生产者剩余

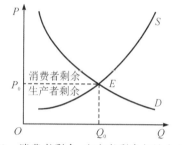
图 2-3 消费者剩余、生产者剩余与社会总福利

2.1.2 帕累托标准

帕累托标准也是经济学评价效率的准则之一。

帕累托最优(效率)是指在某种既定的资源配置状态,任何改变都不可能使至少一个人的状况变好,而又不使任何人的状况变坏。这意味着要使一个人的境况变好,唯一的方法是使另一个人的境况变坏。如果某种资源配置状态符合帕累托效率,就说明这种资源配置有经济效率,即从经济效率的角度看是最优的。

如果资源的配置不是帕累托最优的,则存在资源配置优化的空间。资源配置的再优化,这个过程就是帕累托改进。帕累托改进是指在不使其他任何人境况变坏的情况下使某人的境况变好的资源再配置。

在一些假设前提条件下,经济学推导出了福利经济学第一定理和第二定理。

福利经济学第一定理:竞争市场所达到的均衡分配必定是帕累托最优配置。

福利经济学第二定理:社会通过适当地安排初始资源禀赋,然后让人们彼此自由地交易,就可以实现帕累托最优的资源配置。

◆ 2.2 弹性

价格上升 1 个百分点,需求量减少多少百分点? 在许多时候,我们不仅需要了解某变量的变动对另一种变量变动方向的影响,还需要了解该变量的变动幅度对另一变量变动幅度的影响。经济学用弹性来描述这种量化影响。常见的弹性有需求(价格)弹性、收入弹性、供给(价格)弹性、交叉弹性等。

2.2.1 需求价格弹性

需求价格弹性简称需求弹性,是指在一定时期内一种商品的需求量变动对于该商品的价格变动的敏感程度。该弹性用需求量变动的百分比除以价格变动的百分比计算,即

$$e_D = -\frac{\frac{\Delta Q_D}{Q_D}}{\frac{\Delta P}{P}} = -\frac{\Delta Q_D}{\Delta P}\frac{P}{Q_D}$$

其中,e_D 表示需求价格弹性;Q_D 表示需求量;ΔQ_D 表示需求量的变动;P 表示价格;ΔP 表示价格的变动。

从上述定义可知:第一,需求价格弹性取决于价格上涨时消费意愿下降的程度,与数量或价格的衡量单位无关,因此是无量纲的。因为无量纲,所以不同商品之间的弹性可以进行比较。第二,在需求量和价格这两个经济变量中,价格是自变量,需求量是因变量,所以,需求弹性就是价格变动所引起的需求量变动的程度,或者说是需求量变动对价格变动的反应程度。第三,因为需求曲线一般向下倾斜,即价格和数量之间呈现反方向变动的关系,因此,我们在前面加负号,以保证弹性为正。

需求弹性可以分为以下五类。

(1)完全弹性(弹性为无穷大),价格小幅度变化就会导致需求量无穷变化,即当价格为既定时,需求量是无限的;

(2)富有弹性(弹性大于1),价格小幅度变动就能引起需求量大的变动,即需求量变动的比例大于价格变动的比例;

(3)单位弹性(弹性等于1),价格变动引起需求量同比例变动,即需求量变动的比例与价格变动的比例相等;

(4)缺乏弹性(弹性小于1而大于零),价格大幅度变动才能引起需求量小的变动,即需求量变动的比例小于价格变动的比例;

(5)完全无弹性(弹性为零),价格的变动不会引起需求量的变动,即无论价格如何变动,需求量都不发生变动。

对于完全弹性、单位弹性和完全无弹性,见图 2-4。

曲线的斜率并不等于弹性。对于线性需求曲线而言,曲线各点都有相同斜率,但各点的弹性不同。较陡的斜率并不意味着缺乏弹性,而较平缓的斜率也不意味着富有弹性。需求曲线的斜率反映价格 P 和数量 Q 的变化,而弹性则取决于它们变化的百分比。对于各点的弹性,见图 2-5。

在线性需求曲线 AB 的上半段,需求富有弹性;在线性需求曲线 AB 的下半段,需求缺乏弹性;在线性需求曲线的中点,需求为单位弹性。

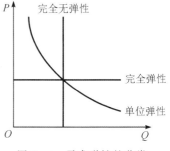

图 2-4 需求弹性的分类

通过简单数学方式也可以推导出计算线性需求曲线上任何一点弹性的方法:对于直线型需求曲线,该点的弹性为该点之下的线段长度与位于该点之上的线段长度的比值。对于非线性需求曲线某点的弹性,计算的方法是先过该点作该需求曲线的切线,然后用与推导线性曲线

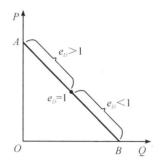

图 2-5 线性需求曲线上的弹性的变化

的弹性相同的方法计算该点的弹性。

一种商品的弹性取决于商品的可替代性、商品用途的广泛性、商品对消费者生活的重要性、消费者调节需求量的时间等因素。

(1) 商品的可替代性。一种商品的可替代品越多,相近程度越高,则该商品需求的价格弹性往往就越大。原因在于当价格上升时,消费者会购买其他替代品,价格下跌时,消费者会购买这种商品来取代其他替代品。同理可得,对一种商品所下的定义越狭窄,这种商品相近的替代品往往越多,需求的价格弹性也就越大。

(2) 商品用途的广泛性。一种商品用途越广泛,其需求价格弹性就可能越大。具体原因在于:如果一种商品有多种用途,当它的价格较高时,消费者只购买较少的数量,用于最重要的用途上。当它的价格逐渐下降时,消费者会增加购买,以将商品用于其他各种次要用途上。

(3) 商品对消费者生活的重要性。生活必需品缺乏弹性,而奢侈品富有弹性。具体原因在于:一种商品越重要,价格提高后消费者越不愿意甚至不能调整对该商品的需求量,因而其需求弹性就越小。

(4) 消费者调节需求量的时间。一般而言,当所考察的时间越长,商品的需求越富有价格弹性。具体原因在于:当一种物品价格上升时,在一段时间内,消费者将继续购买相近量的这种物品。但只要时间充分,其就会找到可接受且又便宜的替代品。随着替代过程发生,对变得较为昂贵的物品和劳务的购买量就会减少。对于考察的时间对弹性的影响,也存在一些反例。如现在对出租车的起步价涨价 2 块,刚开始时,可能会有不少原先坐出租车的人转向其他交通工具或自己开车,但过了一段时间后,选择其他交通工具的人发现还是坐出租方便快捷,他们会重新选择出租车,这就导致在出租车涨价时,出现短期坐车人数大幅度下降,而中长期下降人数有限的现象。

在大多数的经济学原理类教科书中,都有"该商品支出在消费者预算总支出中所占比重是决定需求弹性的重要因素"这一条。这种观点背后的推理逻辑是收入效应,即如果占总支出比重较高商品的价格下降,消费者实际收入大幅度增加,因此可购买更多该商品。这种观点对还是不对呢?答案是不对。为什么?原因就在于:如果商品 X 在预算中很重要,其价格下降时,可预计在消费中,X 的绝对增加量 ΔX 会很大,但弹性关心的不是绝对变化量 ΔX,而是相对变化比例 $\Delta X/X$。对于商品 X 而言,一开始的消费量已经很大,因此价格下降后,其变化比例 $\Delta X/X$ 不一定很大。

在日常生活中,我们经常可以看到刚性需求的概念,其实刚性需求就是完全无弹性的。一些病人维持生存所必需的药物是大家经常提及的刚性需求,其实对这些药物的需求也不是完全刚性的,随着这些药物价格的上涨,对其的需求也会下降,因为病人及其家属可能会选择不治疗。至于住房,更不可能是刚性需求。按照曼昆《经济学原理》所示数据可知,在美国,鸡蛋的需求弹性为0.1;医疗为0.2;大米为0.5;住房为0.7;牛肉为1.6;餐馆用餐为2.3;苏格兰威士忌酒则达到4.4。

2.2.2 需求价格弹性与生产者总收益

在日常生活中,我们经常可以听到谷贱伤农和薄利多销这两种说法,降价到底会增加还是减少收益呢?答案是与商品的弹性有关。

当一种商品的价格 P 发生变化时,该商品需求量 Q 同样发生着变化,因此,厂商的销售总收入(TR)的变化情况,必然取决于该商品需求的价格弹性大小。

由 $TR = P \times Q$,可得边际收益 $MR = \dfrac{\Delta TR}{\Delta P} = Q + P \dfrac{\Delta Q}{\Delta P} = Q(1 - e_D)$,由此可得:

当 $e_D > 1$,即商品富有需求弹性时,提价会降低总收益,而降价则会增加总收益。原因在于:对此类商品而言,当价格上升时,需求量减少的幅度大于价格上升的幅度,所以提价会减少总收益。相反,当价格下跌时,需求量增加的幅度大于价格下跌的幅度,所以降价会增加总收益。对于此类商品,应该采取薄利多销的营销策略。

当 $e_D = 1$,即商品为单位需求弹性时,降价或提价,总收益不变。

当 $e_D < 1$,即商品缺乏需求弹性时,提价会增加总收益,而降价则会减少总收益。原因在于:对此类商品而言,当价格上升时,需求量减少的幅度小于价格上升的幅度,所以提价会增加总收益。相反,当价格下跌时,需求量增加的幅度小于价格下跌的幅度,所以降价会减少总收益。对于此类商品,应该采取提价的营销策略。谷贱伤农指的就是缺乏弹性的商品。

总结而言,如果某类商品是富有弹性的,则价格与总收益呈反方向变动,即:价格上升,总收益减少;价格下跌,总收益增加。如果某类商品是缺乏弹性的,则价格与总收益呈同方向变动,即:价格上升,总收益增加;价格下跌,总收益减少。

2.2.3 总收益检验与消费支出检验

如何计算弹性?作为厂商,可以通过价格变动观察总收益变动进而计算该商品的弹性,这就是总收益检验。

总收益检验是一种通过观察价格变动所引起的总收益变动来估算需求价格弹性的方法。具体而言:当商品价格下降时,总收益增加,则该商品需求富有弹性;当商品价格下降时,总收益减少,则该商品需求缺乏弹性;当商品价格下降时,收益不变,则该商品需求为单位弹性。

同样,也可以通过观察消费者支出来计算该商品的弹性。当一种商品价格下降,消费者对其支出增加时,则说明该商品富有价格弹性;如果消费者对其的支出不变,则说明该商品是单位弹性;如果消费者对其的支出下降,则说明该商品缺乏弹性。

2.2.4 供给价格弹性

供给弹性是指在一定时期内一种商品的供给量变动对于该商品的价格变动的反应程度,用供给量变动的百分比除以价格变动的百分比计算。

与需求弹性相一致,供给(价格)弹性可以表述为

$$e_S = \frac{\frac{\Delta Q_S}{Q_S}}{\frac{\Delta P}{P}} = \frac{\Delta Q_S}{\Delta P} \frac{P}{Q_S}$$

其中,e_S 表示供给价格弹性;Q_S 表示供给量;ΔQ_S 表示供给量的变动;P 表示价格;ΔP 表示价格的变动。

供给弹性同样可以分为富有弹性、单位弹性、缺乏弹性、完全弹性和完全无弹性五类,具体见图 2-6。

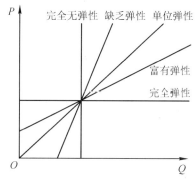

图 2-6 线性供给曲线上的弹性变化

(1)完全弹性(弹性无穷大):价格小幅度变化就会导致供给量无穷变化。
(2)富有弹性(弹性大于1):价格小幅度变动就能引起供给量大的变动。
(3)单位弹性(弹性等于1):价格的变动引起供给量同比例变动。
(4)缺乏弹性(弹性小于1大于零):价格大幅度变动才能引起供给量小的变动。
(5)完全无弹性(弹性为零):价格的变动不会引起供给量的变动。

注意:第一,若线性供给曲线的延长线先与纵坐标相交,则该供给曲线上所有点的弹性都大于1;若线性供给曲线的延长线先与横坐标相交,则该供给曲线上所有点的弹性都是小于1的;若线性供给曲线的延长线交点恰好就是坐标原点,则该供给曲线上所有点的弹性都为1。第二,在通过某一点的所有供给曲线中,斜率越大,弹性越小。

影响供给弹性的主要因素有行业中增加生产的困难程度和考察时段的长短等。

(1)行业中增加生产的困难程度。如果所有投入品很容易在现行价格下购得,价格的微小上升就会导致产出大幅度增加,则供给富有弹性。如果生产能力受到严格的限制,即使价格急剧上升,产量也只能增加很少,则供给缺乏弹性。

(2)考察时段的长短。价格上升后的短时间内,企业也许无法增加其劳动和资本投入,供给可能缺乏弹性。随着时间的推移,企业可雇佣更多工人和建造新厂房,以扩大生产能力,供给弹性就会变得比较大。

2.2.5 需求的交叉弹性

需求的交叉弹性是指在一定时期内一种商品的需求量的变动对于它的相关商品的价格变动的反应程度。

$$e_{XY} = \frac{\Delta Q_X}{\Delta P_Y} \frac{P_Y}{Q_X}$$

其中，e_{XY} 表示需求的交叉弹性；Q_X 表示 X 商品的需求量；ΔQ_X 表示 X 商品需求量的变动；P_Y 表示 Y 商品的价格；ΔP_Y 表示 Y 商品价格的变动。

对于互补品，需求的交叉弹性为负，弹性的绝对值越大，互补性就越强；对于替代品，需求的交叉弹性为正，弹性的值越大，替代性就越强；如果交叉弹性为零，则这两种商品之间不存在关系。

2.2.6 需求的收入弹性

需求的收入弹性是指在一定时期内一种商品的需求量的变动对于收入变动的反应程度。

$$e_M = \frac{\Delta Q}{\Delta M} \frac{M}{Q}$$

其中，e_M 表示需求的收入弹性；Q 表示需求量；ΔQ 表示需求量的变动；M 表示收入；ΔM 表示收入的变动。

对于奢侈品而言，需求的收入弹性大于 1，即收入增加 1 个百分点，对奢侈需求增加超过 1 个百分点；对于正常品而言，需求的收入弹性在 0 与 1 之间，即收入增加 1 个百分点，对正常品需求增加不到 1 个百分点；对于低档品而言，需求的收入弹性小于 0，即收入的增加反而会减少对低档品的需求。

经济学家根据统计资料发现：生活必需品的收入弹性小，而奢侈品和耐用品的收入弹性大，恩格尔定理正是对此的一个说明。恩格尔系数是用于食品的支出与全部支出之比。恩格尔系数可以反映一国一个家庭富裕程度与生活水平。一般而言，恩格尔系数越高，富裕程度和生活水平就越低；反之，富裕程度和生活水平就越高。一般把恩格尔系数在 0.5 以下作为生活达到富裕水平的标准。

思考与练习

1. 经济学家认为，弹性的本质是逃离市场的愿望和能力，你能用该理念解释"双职工家庭，女性从事家务劳动的时间往往长于男性"这种现象吗？
2. 请收集中国改革开放以来城市和农村恩格尔系数变化的数据，并用曲线的形式画出来。
3. 薄利多销和谷贱伤农是否冲突？两个词分别对应着什么样的需求弹性？
4. 本教材中说明了当需求曲线或供给曲线是直线时，如何计算该曲线上某点的弹性。如果需求曲线或供给曲线是曲线，该如何计算弹性呢？
5. 试用几何证明：若线性供给曲线的延长线先与纵坐标相交，则该供给曲线上所有点的弹性都大于 1；若线性供给曲线的延长线先与横坐标相交，则该供给曲线上所有点的弹性都小于 1 的；若线性供给曲线的延长线交点恰好就是坐标原点，则该供给曲线上所有点的弹性都为 1。
6. 请从消费者剩余的角度评述欧莱雅的广告语"你值得拥有"。
7. 什么是刚性需求？请用弹性的概念定义刚性需求。
8. 为什么在刻画变化时，弹性比斜率更优？
9. 假设市场处于均衡状态，现在市场中的需求下降，生产者剩余是增加还是下降？
10. 判断对错：需求曲线的弹性越大，则价格上升引起的消费者剩余减少得越多。

第3章

征税和补贴

本章介绍两部分内容:第一部分对征税进行分析,主要为税负归属分析和税收的福利分析;第二部分对补贴进行分析,主要为补贴归属分析和补贴的福利分析。

◆ 3.1 征税

如何分析征税对市场结果的影响:
(1)确定向卖者(或买者)征税影响需求曲线还是供给曲线。
(2)确定该曲线移动的方向和幅度。
(3)考察这种移动如何影响市场均衡价格和数量。

3.1.1 向卖者征税如何影响市场结果

向卖者征税影响供给曲线,导致供给曲线向左移动,移动的幅度为征税量,按照供求定理,很容易就能知道该移动导致市场均衡价格上升,均衡数量下降,见图3-1。

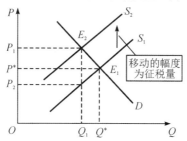

图3-1 向卖者征税对市场结果的影响

由图3-1可知:
(1)税收抑制了市场活动。当对一种物品征收销售税,该物品达到新均衡时,数量减少。
(2)买者和卖者分摊了税收负担。在新均衡时,买者为该物品支付的更多,卖者则得到更少。具体而言:买方支付的价格(P_1)高于无税收时均衡价格(P^*),卖方获得的价格(P_2)低于无税收时均衡价格(P^*)。P_1与P^*之差为买方多支付的价格,即买方承担税负;P^*与P_2之差为卖方少收到的价格,即卖方承担税负。

3.1.2 向买者征税如何影响市场结果

向买者征税影响需求曲线,导致需求曲线向左移动,移动的幅度为征税量,按照供求定理,很容易就能知道该移动导致市场均衡价格上升,均衡数量下降,见图3-2。

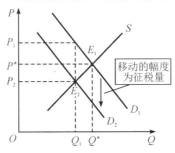

图3-2 向卖者征税对市场结果的影响

由图3-2可知:

(1)税收抑制了市场活动。当对一种物品征收消费税,该物品达到新均衡时,数量减少。

(2)买者和卖者分摊了税收负担。在新均衡时,买者为该物品支付的更多,卖者则得到更少。具体而言:买方支付的价格(P_1)高于无税收时均衡价格(P^*),卖方获得的价格(P_2)低于无税收时均衡价格(P^*)。P_1 与 P^* 之差为买方多支付的价格,即买方承担税负;P^* 与 P_2 之差为卖方少收到的价格,即卖方承担税负。

3.1.3 税收楔子

由3.1.2和3.1.2的分析,可以得出一个令人惊艳的结论:无论是向卖者还是买者征税,均由买卖双方分摊税负,而且买卖双方承担的税负在两种情形下相同。也就是说,税收是在买者支付价格和卖者得到价格之间打入一个楔子。无论是向卖者征税还是向买者征税,楔子相同。两者之间的唯一差别是谁把钱交给政府。

因此,在分析税收对市场结果影响时,并不需要考虑税收是向谁征收的,即不需要画出是需求曲线移动还是供给曲线移动,仅仅只需要画出税收楔子。税收楔子见图3-3。

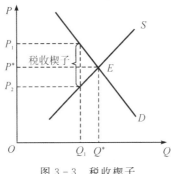

图3-3 税收楔子

3.1.4 税负归属分析

无论是向买者还是卖者征税,税收负担均是由买卖双方共同承担的,那么双方之间税收分担的比例是由什么决定的呢？答案是弹性，税收负担更多地落在缺乏弹性的一方。

具体而言，需求弹性小意味着买主对消费某种物品没有适当的替代品；供给弹性小意味着卖者对生产这种物品没有适当的替代品。弹性衡量的是当市场条件变得不利时，卖者或买者离开市场的愿望和能力。当对这种物品征税时，市场中其他选择少的一方不能轻而易举地离开市场，从而必须承担更多的税收负担。为说明这一点，我们假设某商品供给方富有弹性而需求方缺乏弹性，现在政府增税，供给方因为富有弹性，其会大量减少供应，而需求方因为缺乏弹性，减少的需求有限，供应大量减少而需求减少不多，会导致该产品在市场上供不应求，各需求者之间为取得该商品而展开激烈的竞争，从而使需求方不得不承担更多的税收负担。

3.1.5 税收的福利分析

假定国家对某原先不征税的商品征收从量税，从税收楔子的角度看，该税收无论是向消费者征收的消费税，还是向生产者征收的销售税，结果都是一样的，都会使得该商品的均衡价格上升，均衡数量下降。

下面分析征税对社会福利的影响。在图3-4中，我们用数字所在的面积来代表相关社会福利，可知，在征税前，消费者剩余为1+2+5，在征税后，消费者剩余为1，即消费者剩余减少2+5。在征税前，生产者剩余为3+4+6，在征税后，生产者剩余为4，即生产者剩余减少3+6。政府的税收收入为2+3。消费者剩余和生产者剩余的减少量(2+5+3+6)减去政府税收收入即为征税的社会福利净损失，计算可得社会福利净损失为5+6。社会福利损失来自交易机会的丧失，其中5为消费者扭曲损失，6为生产者扭曲损失。

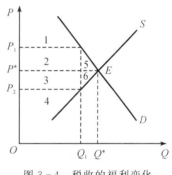

图3-4 税收的福利变化

3.1.6 税收变动时的无谓损失和税收收入

(1)在税率很低时，有少量无谓损失，但税收收入也较少。见图3-5。

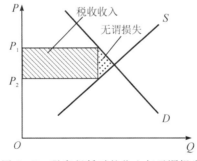

图3-5 税率很低时的收入与无谓损失

(2)在税率中等时，无谓损失较大，但税收收入也较多。见图3-6。

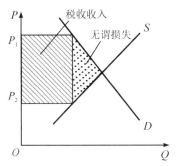

图 3-6 税率中等时的收入与无谓损失

（3）在税率较大时，有非常大的无谓损失，且因其大大缩小市场规模，税收收入反而较少。见图 3-7。

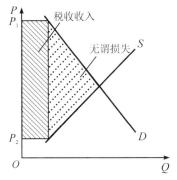

图 3-7 税率较高时的收入与无谓损失

由此可见，随着税率的增加，无谓损失也会变得越来越大，并且无谓损失增加的速度快于税率增加的速度，这可以用图 3-8 来表示。其中，横轴为税率，纵轴为无谓损失。

将上述税收收入与税率之间的关系表现在图上，即为图 3-9。这意味着随着税率的上升，税收收入先增加，但到某个程度后减小。这条曲线就是经济学说史上著名的拉弗曲线。

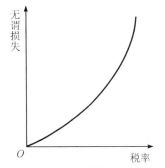 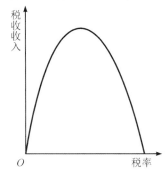

图 3-8 税率与无所谓损失之间的关系　　图 3-9 税率与税收收入之间的关系——拉弗曲线

3.2　补贴

如何分析补贴对市场结果的影响？主要有以下几个步骤：

(1)确定向卖者(或买者)补贴影响需求曲线还是供给曲线。
(2)确定该曲线移动的方向和幅度。
(3)考察这种移动如何影响市场均衡价格和数量。

3.2.1 向卖者补贴如何影响市场结果

向卖者补贴影响供给曲线,导致供给曲线向右移动,移动的幅度为补贴量,按照供求定理,很容易就能知道该移动导致市场均衡价格下跌,均衡数量增加,见图 3-10。

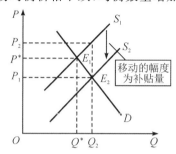

图 3-10 向卖者补贴对市场结果的影响

由图 3-10 可知:
(1)补贴刺激了市场活动。当对一种物品的销售进行补贴,该物品达到新均衡时,数量增加。
(2)买者和卖者分享了补贴的收益。在新均衡时,买者为该物品支付的更少,卖者则得到更多。具体而言:买方支付的价格(P_1)低于无补贴时均衡价格(P^*),卖方获得的价格(P_2)高于无补贴时均衡价格(P^*)。P^* 与 P_1 之差为买方少支付的价格,即买方分享到的补贴;P_2 与 P^* 之差为卖方多收到的价格,即卖方分享到的补贴。

3.2.2 向买者补贴如何影响市场结果

向买者补贴影响需求曲线,导致需求曲线向右移动,移动的幅度为补贴量,按照供求定理,很容易就能知道该移动导致市场均衡价格上升,均衡数量增加,见图 3-11。

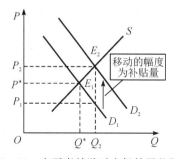

图 3-11 向买者补贴对市场结果的影响

由图 3-11 可知:
(1)补贴刺激了市场活动。当对一种物品的购买进行补贴,该物品达到新均衡时,数量增加。
(2)买者和卖者分享了补贴的收益。在新均衡时,买者为该物品支付的更少,卖者则得到更多。具体而言：买方支付的价格（P_1）低于无补贴时均衡价格（P^*），卖方获得的价格（P_2）高于无税收时均衡价格（P^*）。P^* 与 P_1 之差为买方少支付的价格，即买方分享到的补贴；P_2 与 P^* 之差为卖方多收到的价格，即卖方分享到的补贴。

3.2.3 补贴楔子

由 3.2.1 和 3.2.2 的分析，同样可以得出一个令人惊艳的结论：无论是向卖者还是买者补贴，均由买卖双方共同分享了补贴，而且买卖双方分享到的补贴在两种情形下相同。也就是说，补贴是在买者支付价格和卖者得到价格之间打入一个楔子。无论是向卖者补贴还是向买者补贴，楔子相同。两者之间的唯一差别是谁从政府手中拿到名义上的补贴额。

因此，在分析补贴对市场结果影响时，并不需要考虑补贴是补给谁的，即不需要画出是需求曲线移动还是供给曲线移动，仅仅只需要画出补贴楔子。补贴楔子见图 3-12。

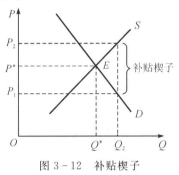

图 3-12 补贴楔子

3.2.4 补贴归属分析

无论是向买者还是卖者补贴，买卖双方均分享了补贴，那么双方之间补贴分享的比例是由什么决定的呢？答案是弹性，补贴更多的是落在缺乏弹性的一方。

具体而言，需求弹性小意味着买主对消费某种物品没有适当的替代品；供给弹性小意味着卖者对生产这种物品没有适当的替代品。弹性衡量的是当市场条件变得不利时，卖者或买者离开市场的愿望和能力，也衡量当市场条件变得有利时，买者或卖者快速进入该市场的能力。当对这种物品进行补贴时，市场中其他选择多的一方将快速地进入该市场，导致其取得的补贴份额减少。为说明这一点，我们假设某商品供给方富有弹性而需求方缺乏弹性，现在政府补贴该商品，供给方因为富有弹性，其会大量增加供应，而需求方因为缺乏弹性，增加的需求有限，供应大量增加而需求增加不多，会导致市场上供过于求，供给方之间的竞争使得需求方分享了补贴中的大部分。

从另外一个角度进行分析，补贴是负征税，补贴相当于减税，缺乏弹性的一方承担了大部分的税收负担，在减税时，他们也将获得减税的大部分好处。

3.2.5 补贴的福利分析

在图 3-13 中，我们用数字所在的面积来代表相关社会福利，可知，在补贴前，消费者剩余为 1+2，在补贴后，消费者剩余为 1+2+3+8，即消费者剩余增加 3+8。在补贴前，生产者剩余为 3+4，在补贴后，生产者剩余为 3+4+2+5，即生产者剩余增加 2+5。政府的补贴额为

2+3+5+6+7+8。政府补贴减去消费者剩余和生产者剩余的增加量(3+8+2+5)即为补贴的社会福利净损失,计算可得社会福利净损失为6+7。

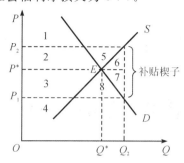

图 3-13 补贴对社会福利的影响

 思考与练习

1. 谁支付了公司所得税?

2. 在何种情况下,征税的社会福利损失较小?请画图说明。

3. 在何种情况下,补贴的社会福利损失较小?请画图说明。

4. 为什么政府对卖方进行征税,税收却由买卖双方共同负担?

5. 1992年,美国政府开始对一些豪华汽车和游艇征收10%的税。由此,造船业的定价大幅度下跌,还造成了工人大量的失业;但对于豪华汽车和游艇行业来说,影响却非常有限。请问为什么会出现这种情况?你还主张对奢侈品征税吗?

6. 征税为什么会有福利损失?这是否意味着政府不应该征税?

7. 中国古代为什么对盐铁实施专卖,即征收较高的税?

8. 在经济学界有一个观点,即经济增长的果实会落在土地所有者身上。请结合本章相关内容解释该观点。

9. 为什么随着税率的增加,税收的无谓损失会非线性增加?这个观点对指导政府合理征税有何指导意义?

10. 某地因为房地产市场不景气,采取一项针对购房者的补贴措施,补贴额相当于总房款的5%。请问是谁拿到了该补贴的绝大多数,是购房者还是房地产开发商?为什么?

第4章

政府管制与市场还击

前面章节说明了市场会朝着均衡状态运动,即在没有外生力量干预的情况下,市场价格会向着一个使供给数量等于需求数量的方向作水平运动。这也意味着要使市场价格长时间偏离均衡价格,必须有外生力量的干预,这种外生力量最常见和有效的是政府的干预。本章分析政府基于某些原因对市场进行干预,如价格管制、数量管制时可能产生的一些后果。

◆ 4.1 价格管制

价格管制包括两个方面的内容,即价格上限和价格下限。价格上限是指可以出售一种物品的法定最高价格,如石油危机期间美国政府实施汽油最高限价。价格下限是指可以出售一种物品的法定最低价格,如法定最低工资。

4.1.1 价格上限

由图4-1可得,在没有最高限价的情况下,市场均衡为E,均衡价格和数量分别为P^*和Q^*。在最高限价下,生产者愿意提供的商品数量为Q_1,但消费者愿意购买的商品数量为Q_2,Q_2大于Q_1,即在该市场上出现供不应求的局面。供不应求导致市场的非效率,即存在帕累托改进的机会。下面以美国曾经出现过的汽油最高限价为例进行说明。

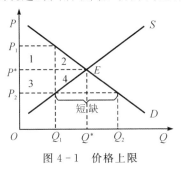

图4-1 价格上限

在石油危机期间,美国政府基于应对通货膨胀压力和保障能源安全等理由,对汽油的价格实行最高限价。这使得美国的汽油市场出现汽油的短缺,并在该市场上出现大量的"错失的机会",即非效率行为,主要表现如下。

1. 消费者之间配置的非效率

消费者之间配置的非效率,即汽油并没有被配置到评价最高的消费者那里。在管制的情况下,消费者对汽油的需求数量是 Q_2,但市场只能提供的数量是 Q_1。在汽油的消费者中,有些人需求特别强烈,愿意为汽油支付较高价格,而有些人的需求并不强烈,只愿意为汽油支付较低价格。汽油的有效配置将会反映这种差别:需求强烈的人买到了汽油,而需求不强烈的人则买不到汽油。但在汽油配置的非效率下,有可能那些对汽油需求不是那么强烈的人买到了汽油,但那些对汽油需求十分强烈的人则买不到汽油。因为在汽油价格管制下,人们通常只能凭借运气或个人关系才能买到汽油,所以对消费者而言,汽油价格管制通常会导致消费者之间配置的非效率。

尽管通过汽油的私下交易可以改善这种非效率的严重性,如对汽油需求不强烈的人买到汽油,并将汽油转售给对汽油需求强烈的人。这种私下交易的确存在,但因为转售价格超过政府管制价格,政府会限制这种情况的发生。此外,转售面临相当高的交易成本,如汽油保存的成本、找到交易对象的成本、识别汽油质量的成本、交易对象违约的成本等。

2. 资源浪费的非效率

资源浪费的非效率,即因为汽油短缺,消费者为获得汽油不得不排很长时间的队,找很多家加油站,等等,而这些排队和寻找汽油的时间本来是可以用于工作或与家人在一起等给消费者带来更多效用的行为。

值得强调的是,加上排队等候成本(和寻找有油加油站的成本),消费者所购买汽油的价格可能并不是政府管制下的 P_2,而是货币价格和非货币价格的加总 P_1。其中,(P_1-P_2) 为汽油的非货币价格。

3. 低质量的非效率

低质量的非效率,即最高限价会导致商品品质的降低。原因在于最高限价不光造成汽油的短缺,也使出售者出售汽油的价格受到限制,从而导致利润下降,甚至出售汽油的收益为负。对于汽油出售方而言,此时不是应该吸引消费者来购买汽油,而是想办法不让消费者来购买汽油。为此,一些本来24小时开业的服务质量优异的加油站,现在只开12小时,甚至8小时;一些在没有管制时服务态度很好的工作人员,现在对消费者爱理不理;一些在没有管制时为竞争客户而采取的附加服务,如帮助客户擦车窗等被取消;等等。

4. 其他伤害

除上述非效率外,最高限价还对社会造成其他伤害。如因价格管制,具有汽油分配权的人手上就具有资源的分配权,寻租和腐败现象随之增加;为防止汽油出售方和消费者以高于管制的价格买卖汽油,不得不雇佣大量的行政人员监督和处理汽油交易,而这些行政人员需要纳税人承担人事和行政费用,加之"官员不是天使",这时监督和处理汽油交易的行政人员可能会从汽油的最高限价中获取租金。又如,在没有管制的情况下,汽油供给方歧视消费者需要付出经济上的代价,如某加油站歧视黑人,只给白人加油,那么,这家加油站将会因为歧视丧失部分客户资源,并最终在竞争中失利。但价格管制使汽油供给方歧视消费者的代价为零,在消费者加油过程中的歧视现象会增加。

下面我们从生产者剩余和消费者剩余的变动来分析最高限价对社会福利的影响。由图4-1可得,在最高限价的情况下,生产者剩余减少3+4,消费者剩余减少1+2,整个社会的福利损失为1+2+3+4。其中,2+4为交易丧失减少的社会福利,1+3为消费者为争抢该商品所付出的非货币代价,而这些代价是非生产性的,构成社会福利的净损失[①]。

4.1.2 价格下限

政府会插手市场,以推动价格上升而不是使其下降。比较有名的是最低工资法,欧美对农产品设立价格下限等。

和价格上限可能带来短缺一样,价格下限可能带来长时期的过剩。和短缺一样,过剩也同样会造成经济上非效率。

价格下限导致的持续性的过剩造成了"错失的机会",即非效率,这和价格上限带来的非效率相似,包括卖主之间的非效率配置、资源浪费和高质量的非效率,以及诱发在法定价格之下出手商品的违法倾向。

1. 卖主之间的非效率配置

以最低工资为例。假设欧洲某小餐饮企业本来雇佣一个贫穷的女大学生安娜做临时工,安娜干活勤快而且干净,其工资水平低于政府后来设定的最低工资。现在因为最低工资管制,该企业不得不用老板老鲍勃又懒又脏的儿子小鲍勃干安娜所干的活,这就造成该餐饮企业经营效率的降低。

2. 资源浪费的非效率

这方面生动的例子是为农产品制定价格下限而由政府来收购过剩产品。过剩的产品有时候会被销毁,这纯粹是浪费;一些时候政府会婉转地说仓库里的过剩产品"保存得不好",必须处理掉。

价格下限也会浪费时间和精力。考虑最低工资的情况,希望工作的人要花费很多时间寻找工作,或者排队等待工作机会,他们和价格上限情况下那些倒霉的人一样浪费了时间和精力。

3. 高质量的非效率

和价格上限存在低质量的非效率一样,价格下限存在着高质量的非效率。

为什么商品高质量也会存在非效率呢?商品的高质量是好事情,但必须和成本相匹配。假设供给方花了很多成本生产出质量很好的产品,但是对于消费者而言,这种高质量并不值那么多钱,所以他们只愿意支付一个较低的价格。这代表了一种"错失的机会":买卖双方本来可以进行一笔对双方都有利的交易,其中,买方能够以一个低得多的价格买到质量相对低一点的商品。

高质量的非效率有一个很好的例子。跨大西洋的飞机票价曾经被国际协定人为地定得很高。由于各航空公司之间不能通过降低票价来争夺顾客,它们转而通过提供昂贵的服务来吸引顾客,例如过分丰富的、大部分都不吃完的飞机用餐。为了限制这种做法,相关管制部门还曾经制定过最高服务标准,如每次提供的机上用餐不能超过一个三明治。有一家航空公司引入所谓的"斯堪的纳维亚式三明治",这件事迫使航空公司聚在一起专门开会来界定什么是"三明治"。所有的这些都是浪费,尤其是考虑到消费者真正需要的并不是那么多的食物,而是更

---

① 经济学将1+3定义为"租",即无主之物,经济学一般假设租会全部损失掉。

低的票价。

自 20 世纪 70 年代美国放松了对航空业的管制之后,美国的乘客感受到了机票价格的大幅度下降和随之而来的飞机上各种服务质量的下降,如座椅变小了,食物的质量下降了,等等。每个乘客都抱怨服务变差了,但是由于票价的下降,乘坐飞机的人数增加了好几倍。

4.黑市和歧视

在最低工资远高于均衡水平的国家,急于找工作的人们有时候会为雇主"打黑工",这些雇主要么向政府部门隐匿这些雇员的存在,要么向政府派来的检查人员行贿,这会增加市场的交易成本,并导致吏治的腐败。

此时,政府为了管制黑市,不得不增加行政人员,这同样会增加政府的行政管理成本,而这些成本将由税收支付,这会增加纳税人的税收负担。

此外,最低工资也会对人力资本投资造成不利影响。最低工资使得企业更加不愿意对缺少必要劳动技能的劳动者加以培训,他们更愿意雇佣那些值得其所付高工资的、具有熟练工作经验的工人。企业还有可能在附加福利上变得极为刻薄,以此降低劳动力成本。

与最高限额一样,最低限额同样会降低歧视的成本,造成歧视现象的增加。它会使得雇主们更多地根据性别和种族对雇员进行歧视。当工资水平由市场力量决定时,那些要采取歧视行为的雇主将会面对一个人数减少且更加昂贵的劳动力资源。但当政府强令一个高于市场均衡的最低工资水平时,结果就会是非熟练工人过剩,实行歧视性政策就变得更加容易而且便宜了。正如美国财政部前部长萨默斯所说:"最低工资消除了对雇主实行歧视的经济惩罚,他们可以随意选择那些金发的白人了。"

下面我们从生产者剩余和消费者剩余的变动来分析最低限价对社会福利的影响。由图 4-2 可知,在最低限价的情况下,生产者剩余减少 2+4,消费者剩余减少 1+3,因此,整个社会的福利损失为 1+2+3+4。其中,3+4 为交易丧失减少的社会福利,1+2 为生产者为将该商品卖出去所付出的非货币代价,而这些代价是非生产性的,同样构成社会福利的净损失①。

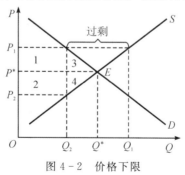

图 4-2 价格下限

4.2 数量管制

和价格管制相似,在日常生产生活中,我们也经常见到数量管制。在世界上大多数地方,

---

① 经济学将 1+2 定义为"租",即无主之物,经济学一般假设租会全部损失掉。

出租车的牌照存在限制;在中国一些城市,对于私家车实行限行政策……

我们该如何看待数量管制呢?下面以某市出租车市场的出租车数量管制为例进行说明。

出租车执照制度就是一种数量管制或者说"配额"。在这种制度下,政府规定某种商品的交易数量而不是交易价格。其中,这个买卖数量就是所谓的"配额限制"。通常政府通过发放许可证或者执照等方式来限制某个市场上的交易数量,只有拥有许可证或者执照的人才能合法地提供某种商品。出租车的执照就是一种许可证。

有些控制数量的做法从经济方面看起来理由充足,但是也有一些经不起推敲。我们会看到,许多时候为了应付临时问题而制定的数量限制事后会很难取消,因为受益者不愿意废除这种政策,即使最初导致数量限制出台的原因已不复存在。但是,无论实行数量限制的原因是什么,他们都有一些可以预见的而且通常是人们不想见到的经济后果。

为方便起见,我们将出租车乘坐市场简化。假设美国某地所有的出租车乘次是相同的,从而忽略真实世界中的种种复杂的情况(有些乘次距离较长从而更昂贵)。图4-3显示了需求和供给,在没有数量管制时的市场均衡为图中的E点,即每乘次10美元和年1000万次。

虽然该市的出租车许可证制度限制了出租车的数量,但是每个出租车司机能够按照自己的意愿来提供载客次数。

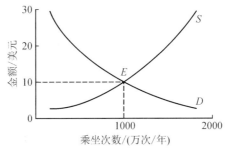

图4-3 无管制下的出租车市场均衡

现在我们假设某市对出租车进行数量管制,将出租车合法载客次数限制在800万次/年。每一个出租车执照赋予其持有者每年搭乘一定次数客人的权利,假设出租车执照能够以保证每年所有的出租车搭载客人的总次数为800万次的方式发放。执照持有人既可以自己亲自开出租车,也可以以一定的费用把执照租给别人。

图4-4显示了出租车乘坐市场的情况,每年800万次的这条线代表了配额限制。因为乘坐次数被限制在800万次,所以消费者面临的是需求曲线上的A点,800万次的需求价格为11美元。同时,出租车司机面临的是供给曲线的B点,对应的价格为8美元。

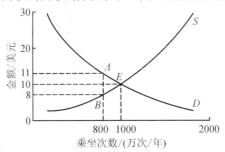

图4-4 数量管制下的出租车市场

为什么出租车乘客愿意支付11美元而出租车司机收取的是8美元呢？答案是，除了乘坐出租车市场外，还有一个执照市场。执照持有者可能并不总是亲自开出租车，他们可能会生病或会去度假。所以，那些不想自己开出租车的人将把使用执照的权利转卖给其他人。所以在这里，我们必须考虑两套交易和两个价格：①出租车乘坐市场上的交易及其价格；②执照市场及其价格。既然我们考虑的是两个市场，那么11美元和8美元这两个价格就没有问题了。

为了便于说明，我们虚构两个该市的出租车司机：斯密和加里。斯密有一张牌照，但加里没有。斯密因为长时间开车导致严重的脊椎病，不得不休息半年。加里没有牌照，他希望能租借一个牌照。在特定的某时刻，在牌照市场，总是有一些人像斯密一样想将牌照出租，也总有一些人像加里一样，想租借牌照。假设1辆出租车1天可以拉50个客人，收取550美元。那么，牌照市场的均衡价是多少呢？

根据我们以前所学的供求定理，容易得出牌照的价格为180美元/天。当斯密的租金低于180美元/天时，没有牌照的司机就会争相获取该牌照，这会导致牌照价格的上升。而当斯密的租金价格高于180美元/天时，没有司机愿意租用其牌照。因此，市场均衡的牌照价格为180美元/天。

3美元刚好是800万次的需求价格和供给价格之差，这并不是巧合。只要某种商品的供给受到法律的限制，在交易数量对应的需求价格和供给价格之间就会出现差异。它有一个专业术语——配额租金。它是执照持有者从执照所有权中获得的收入。就斯密和加里而言，3美元/次的配额租金归斯密所有，因为他拥有执照。

即使斯密自己开出租车，在其11美元/次的收入中，3美元/次为配额租金。

同样，数量管制也会带来市场的非效率或错失的机会和黑市。

非效率表现为未能发生有利于买卖双方的交易。如市场均衡的乘坐次数为1000万次/年，现在因为政府管制，只发生了800万次/年，即有200万次/年市场交易机会被政府管制所浪费。如果没有政府管制，这些交易的机会本来是会实现的。

因为数量管制下人们愿意交易但是不被允许，所以人们被激励规避数量管制甚至违反法律规定，如一些周边县市的出租车在该市营运，一些私家车也在周末充当起了出租车的角色。

4.3 价格管制：陈相和孟子的争论

在中国古代，尽管没有形成系统的经济学思想，但许多思想家的言论，闪耀着灿烂的经济学理念之光。在这里，我们将介绍儒家孟子和农学家许行对价格管制的不同看法，希望同学们能积极从中国传统经典之中汲取知识的养分，增强民族自豪感。

陈相说："从许子之道，则市贾不贰，国中无伪。虽使五尺之童适市，莫之或欺。布帛长短同，则贾相若；麻缕丝絮轻重同，则贾相若；五谷多寡同，则贾相若；屦大小同，则贾相若。"孟子则回答："夫物之不齐，物之情也。或相倍蓰，或相什伯，或相千万。子比而同之，是乱天下也。巨屦小屦同贾，人岂为之哉？从许子之道，相率而为伪者也，恶能治国家？"

从现代经济学的视角看，陈相和孟子之间的争论与现代经济学中价格管制和市场价格形成机制的相关分析相类似，我们用一个假设性的情形说明之：假设滕文公基于"市贾不贰，国中无伪。虽使五尺之童适市，莫之或欺"的良好愿望，接受了许行等农学家的游说，规定"布帛长短同，则贾相若；麻缕丝絮轻重同，则贾相若；五谷多寡同，则贾相若；屦大小同，则贾相若"，那么在滕国的市场上会出现什么样的结果?

因不同的"布帛""麻缕丝絮""五谷""屦"在客观上会存在着品质的差异,即孟子所谓的"夫物之不齐,物之情也",在政府管制以前,一些人会以较高的价格购买品质较好的商品,另一些人会以较低的价格购买品质较差的商品,不同品质的同种商品会存在各自的均衡价格,各自处于市场出清状态,"或相倍蓰,或相什佰,或相千万"就说明不同品质的同种商品在市场出清的价格上存在很大的差异。而当政府规定同一种商品数量相等则价格相等时,人们就会发现,品质存在较大差异的商品不得不以相等的价格交易。该种商品的购买者均会购买品质较高的商品,而该种商品的提供者则只愿意提供品质较低的商品,即孟子所谓的"巨屦小屦同贾,人岂为之哉"? 其结果是品质较高的该种商品供不应求,而品质较劣者则供过于求,如没有价格管制,市场的力量会通过价格的调整促使两种市场重新恢复均衡状态,但因价格管制,这两个市场将无法恢复均衡,因此,推行许行政策的必然结果反而"是乱天下也"。

通往地狱的道路总是由美好的愿望所铺就。为实现"市贾不贰,国中无伪"的美好愿望而"从许子之道","虽使五尺之童适市,莫之或欺"未必会出现,"相率而为伪者也"则必然会出现。

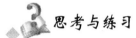

思考与练习

1. 为什么银行会建造非常气派的银行大楼,并用希腊风格的立柱加以装饰? 你给出的答案能否说明超级市场为什么不这样做?

2. 假设政府希望居民能住得起合适的住房,提出了达到这一目标的三种方法。第一种方法是,通过一项法律使得所有房租下降25%;第二种方法是,对所有修建住房的人提供补贴;第三种方法是,直接给予租房者相当于他们支付的房租的25%的补贴。试预测每一项建议在长期和短期对住房的价格和数量的影响。

3. 为什么在许多大医院,专家门诊号一号难求? 这造成了什么样的资源配置非效率? 如何解决这个问题?

4. 传统的出租车市场既存在价格管制,也存在数量管制,网约车的出现打破了管制。请分析网约车出现对出租车市场效率的影响。

5. 价格管制是否使富人比穷人得到的少? 地方政府实施租金管制的原因之一是避免用价格分配稀缺的居住空间,管制成功了吗? 纽约那些租金受管制的公寓里,住的都是相对富裕的人,你觉得这是咋回事?

6. 你认为最低工资对年轻人的工作经验和培训的获得会产生什么影响?

7. 在网上收集关于最低工资的支持和反对意见,结合本章内容,谈谈你对最低工资的看法。

8. 假设在战争期间,政府实施票证配给制。那么,允许人们买卖票证有什么坏处? 有什么好处?

9. 假设某大学不容许学生在宿舍里喝酒,为什么学生愿意偷偷地带进一两瓶西凤酒而不是带成箱的啤酒,虽然学生们大多爱喝啤酒?

10. 欧美各国对中国的纺织品出口进行数量限制,按照数量管制理论,你可以推理出什么结论? 请说明你推理的逻辑。

第 5 章

消费者选择理论

前面的学习中,我们体会到了需求曲线在分析经济现象中的巨大作用。一种商品的价格上升会导致该商品的需求下降,而一种商品价格下降会导致该商品的需求上升。事实上,这种需求曲线不是凭空而来的,其后都有扎实的经济理论的支撑。在本章,我们将讨论需求曲线背后的消费者决策行为。

针对琳琅满目的商品,你不可能在有财力限制的情况下购买所有的商品,你必须要考虑商品的价格和你的财力。在经济学中,用预算约束来代表消费者的财力,即预算约束会代表一个消费者能负担得起的选择。有了预算约束还不够,消费者需要买自己喜欢的商品,如何刻画消费者对商品的偏好呢?经济学上用无差异曲线来代表人们的偏好。有了预算和偏好的刻画,如果将所有商品简化为两种商品的话,那么,什么决定了消费者如何将他的资源花在两种商品上?这是本章要回答的最主要的问题。如果将两种商品定义为消费和闲暇,商品的价格定义为工资,利用本章学习的消费者选择理论,我们就可以讨论工资如何影响劳动供给。同样,如果将两种商品定义为现在消费和未来消费,商品的价格定义为利率,我们就可以讨论利率如何影响家庭的储蓄。

◆ 5.1 预算约束

大多数人想要的商品或服务都不会超过其财力可以负担的水平,由此财力就构成对消费行为的一种约束,经济学上称作预算约束。为便于讨论,我们先把所有商品简化为两种商品,这样的简化并不会影响所讨论问题的本质。

假设张三把他的收入花在两种物品上:鱼和苹果。我们定义一个"消费束"(consumption bundle)是物品的一个特定组合,比如:40 条鱼与 300 个苹果。所谓预算约束,就是对消费者可以支付得起的消费组合的限制。假设张三的收入是 1200 元。每条鱼的价格是 4 元,每个苹果的价格是 1 元。那么,我们很容易得到,如果张三将所有的收入都拿来买鱼,那他能买 300 条鱼;如果张三将所有的收入都拿来买苹果,那他能买 1200 个苹果。如果张三买了 100 条鱼,那他还能买 800 个苹果。

我们将苹果的数量放在纵轴,鱼的数量放在横轴。刚才的三个选择分别对应于图 5-1 上面的 A、B、C 三点。我们将三点连接起来,图中的线即为张三的预算约束线,线的左下方的区域称为预算约束集,即张三可以负担得起的所有消费束。

假设现在张三的选择由 C 点变动到 D 点,根据图形我们可以得出,苹果数量下降了 200 个,而鱼的数量增加了 50 条。预算约束线的斜率为 -4。这样变动的实际含义为,在预算不变的情况下,张三为了得到 1 条鱼,必须放弃 4 个苹果。所以,预算约束线的斜率就等于张三用苹果交换鱼的比例,也是用苹果来衡量鱼的机会成本,这里鱼用苹果来表示的相对价格就是 4 个苹果/鱼。注意,这里的交换比例或斜率是由总预算金额和商品价格客观决定的,与消费者本身的喜好并没有关系。

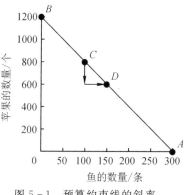

图 5-1 预算约束线的斜率

现在,我们考虑以下的两种情况:①张三的收入减少到 800 元;②苹果的价格上升到每个苹果 2 元钱。那么,张三的预算约束线会发生怎样的变化?

第①种情况中,因为预算的下降,张三现在只能买 200 条鱼或 800 个苹果,或这两者之间的任意组合。所以,他的预算约束线如图 5-2(a)所示,整体向内移动。

第②种情况中,张三仍然能买 300 条鱼,但他现在只能买 600 个苹果。如图 5-2(b)所示,预算约束线的斜率绝对值变小,鱼的相对价格是 2 个苹果。所以,苹果价格上升导致预算约束线向内转动。

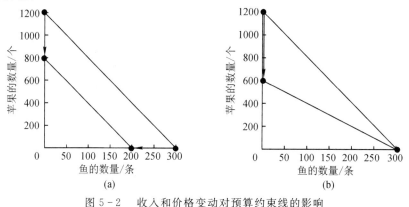

图 5-2 收入和价格变动对预算约束线的影响

【思考】以下情况预算约束线如何变化? ①预算增加;②苹果变便宜;③鱼变贵;④鱼变便宜。

◆ 5.2 消费者偏好

俗话说:"萝卜白菜,各有所爱。"消费者的喜好是非常私人的情感,而且随不同时间和不同地点千变万化。如果你是经济学家的话,从什么入手去研究人们的偏好呢?事实上,经济学对偏好有明确的定义和公理。

5.2.1 偏好的定义和公理

与预算约束线类似,我们首先研究消费束的选择,一个消费束包含两个不同的商品。假设

有 $x(x_1,x_2)$ 和 $y(y_1,y_2)$ 两个消费束。经济学定义以下三种不同的偏好关系：

(1) 严格偏好：相对于消费束 y 来说，消费者更偏好消费束 x。记作：$x \succ y$。

注意，"$\succ$"表明更偏好的关系，不是数学中的大于号。

(2) 弱偏好：消费者对于 x 的偏好程度至少与其对 y 的偏好程度一样。记作：$x \succsim y$。

注意，"$\succsim$"表明至少一样偏好的关系，不是数学中的大于等于号。

(3) 无差异：消费者对于 x 和 y 有相同的偏好。记作：$x \sim y$。

这样，世界上千万个乃至无数个消费束之间的偏好关系就由以上三种定义来界定了，人们的偏好一下子变得很简单了。

经济学进一步假设人们的偏好满足以下两个公理：

(1) 完备性：对于任意两个消费束 x 和 y，一定有 $x \succsim y$ 或 $y \succsim x$，或两者同时成立，即两个消费束可以相互比较。

(2) 传递性：假定 x 弱偏好于 y，y 弱偏好于 z，则 x 弱偏好于 z。即如果 $x \succsim y$，且 $y \succsim z$，则 $x \succsim z$。

这两个公理看起来很合理，两个消费束可以比较，且偏好具有传递性。经济学把同时满足这两个公理的偏好称为理性偏好（rational preference）。理性偏好是存在效用函数的必要条件，效用函数是描述消费者满足程度的一种函数，是消费者行为理论中最重要的概念。所以，完备性和传递性是消费者行为理论乃至整个经济学理论的基石。

5.2.2 对偏好公理的再思考

理性偏好的公理看起来无懈可击，传统经济学大厦的地基看起来也很坚实。但是，人们真的有那么理性吗？本节将基于一些较新的经济学研究，对这两个公理提出质疑。

1. 有限理性（bounded rationality）

经济学家赫伯特·西蒙（Hebert Simon）提出，人们的理性是有限的，人们不具有超强的判断力和计算能力，受限于信息和认知上的缺陷。根据完备性公理，消费者应该在迈入超市大门口的一瞬间，在他（她）的脑海中，所有商品立马排出了一个完整的偏好序列。但实际中，我们却在超市中挑三拣四、货比三家，很多时候犹豫不决、反复思量，并没有公理中那样的确定和理性。央视曾有个名为《超市大赢家》的电视节目，其中参与者可以猜测货车中的商品总价，总价与实际价格最接近者得到这些商品。事实上，猜测价格也不一定会比商品偏好排序来得更为困难。

2. 不确定性（uncertainty）

有时消费者当下的选择会基于对未来的预期，而未来存在着因为不确定性而导致的各种可能，故当下的选择就会变得困难。比如炒股票，如果我问你选择买中石油的股票还是中国银行的股票，你可能不一定能很快地做出选择，因为你要根据各种情况预测两只股票未来的走势。所以涉及不确定性，完备性和传递性就不那么容易实现了。前面的选择还比较简单，如果选择购买三等分资产组合（1/3 铜期货＋ 1/3 易方达基金＋1/3 中石油）或是全部购买中国银行的股票，这个选择就更难了，因为其中涉及更多的不确定性（期货、基金、股票）。现实中，金融行业的投资者往往面对着巨大的不确定性和复杂性，比如 2008 年次贷危机的时候，在房屋抵押贷款（mortgage）基础上衍生出抵押支持证券（mortgage backed security），其上再衍生出担保债务凭证(CDO)和信用违约互换(CDS)等金融衍生品,金融产品变得超级复杂,一个产品可能需要金融工程师写上千行或上万行的代码才能定价,其中包含着巨大而多元的不确定性。复杂程度可能导致雷曼兄弟和贝尔斯登公司在倒闭前都无法准确估计手上的资产究竟价值几何。在这样的情况下,何谈选择的完备性和传递性?人们的理性偏好如何实现?

3. 行为经济学之一

这是行为经济学家丹·艾瑞里(Dan Ariely)做的一项研究。他先用随机拼贴的两张男士的照片A和B,随机询问校园里的女学生是否愿意与照片上的男士约会,假设这两人帅的程度是一样的,这样与A和B约会的比例大概是50%和50%。然后,丹·艾瑞里用修图软件把照片A中男士的鼻子弄得歪一点或是眼睛变成一大一小,整出了一个以A为基础但是更丑一点的A′。再让女生从A、A′和B中进行选择。研究结果是选A的比例上升到了75%,A′几乎没有人选择,选B的人大幅度下降了。为什么会这样呢?第一次的选择中女生不是显示偏好对于A和B是无差异的吗?A还是这个A,B还是这个B,为什么有了A′就会有显著的变化?答案在于"绿叶与红花的故事",A′作为绿叶,衬托出红花A的帅气,显得比B更具有魅力。衬托的作用改变了女生的偏好,可见完备性中假设稳定的偏好关系是可以通过稍微调整而改变的。现实中,我们其实也在不自觉地运用这一衬托的作用。比如:你会在相亲或是参加派对的时候,找一个比你美丽得多的同伴一起去吗?你找的是不是和你长得有些像,但是更逊色一点的同伴?婚礼中,伴娘或伴郎的形象会超过新娘或新郎吗?

我们可以再把这个研究向前推进一点。假设A和B不是随机生成的,而是大家熟悉的两个明星的照片,比如,梁××和金××(美国情境下可设为布××××和汤××××)。我们假设梁××被选的概率是55%,金××被选的概率是45%。然后按照前面的方法PS出一个梁××′,再让女生选。因为绿叶的作用,选梁××的比例会像前面一样大幅度增加吗?关于这个问题,我曾经问过一位女老师,她是金××的铁杆粉丝,她说:"别说有一个梁一撇,就是有梁一百撇,我还是会选择金××。"可见,如果换成有粉丝支持的明星的照片,前面研究的结果又可能会发生变化。人的偏好真是一个奇妙的东西!

4. 行为经济学之二

假如你是喜欢吃巧克力的,让你在下面的选择中二选一:A. 免费得到价值50元的巧克力;B. 出20元得到价值80元的巧克力。基于对学生的实验,我们得到选A的人数远远多于选B的人数。但是B选择的净收益60元(80元-20元)不是大于A选择中的净收益50元吗?为什么会有这么多人不理性?如果将B的选择改为出10元得到价值80元的巧克力呢?出5元呢?

以上的结果就是所谓"免费午餐的魔力"。只要是免费的,不需要付出任何代价,人们都愿意占这个便宜,宁愿让其放弃一些付钱获得的更好的选择也在所不惜。由此我们可以解释,每当商家发放免费的商品(比如洗发水),想领取的人排的队伍一定会很长,很多人愿意花很长时间排队来获得免费商品。商场或餐厅会在每一次消费的时候发放优惠券或代金券(比如满200元减50元,50元抵现金),可能本次购物或消费的体验并不是很好,但冲着能免费,消费者还是愿意下次再光顾。当然,免费午餐的魔力也是有限度的,如果将B改成出10元或5元得到价值80元的巧克力的时候,我相信选B的人数会超过选A的人数。这表明人们的心理偏好也会改变,魔力失效了,理性重新占据了人们的大脑。

5. 行为经济学之三

假设你在酒吧里和几个朋友一起聚会，服务员走上前来，你们开始点自己偏好的酒。经济学家在点酒这件事上做了一个小小的研究。这是在两个不同的地点发生的事，一个是在香港的酒吧，聚会的主要是亚洲人。另一个是在纽约的酒吧，聚会的主要是欧美人。第一种点酒的方式是公开式的，大家依次说自己要喝什么，每个人的偏好都是所有人可见的。第二种点酒的方式是封闭式的，每个人写一张小纸条，别人看不见，每人都把纸条交给服务员。研究者发现，在香港的酒吧里，公开点酒的结果是大家点的都很类似，差异并不大，而在纽约的酒吧，公开点酒的结果差异非常大，几乎每个人都点不一样的酒。而如果是封闭式点酒的话，香港和纽约酒吧的朋友点酒的差异都比较大。问题是人们对于饮品的偏好应该来说是比较固定的，为什么不同的点酒方式对结果造成了显著的影响？而且，酒吧的地点好像对结果也有很大的影响。

以上研究的结果实际上反映出社会文化、价值观或习俗对于人们偏好的影响。香港的亚洲人因为东方文化背景推崇集体主义精神，如果公开点酒的话，会牺牲自己本来的偏好去选和别人一样或相似的酒，以表示自己不偏离集体，这导致点酒的相似程度高。相反，纽约的欧美人因为西方文化背景推崇个体主义精神，如果公开点酒的话，有可能会牺牲自己本来的偏好去选和别人不同的酒，以显示自己独特的品位和表现个性化的个人主义精神，这导致点酒的差异度非常高。但如果采用封闭式的方法，无论是在香港还是纽约，每个人的选择都不会受到其他人的影响，只要在纸条上写自己想喝的东西就好，所以点酒的结果差异都会比较大。这个研究表明，人们做出的选择都不是完全孤立的，人们显示出来的偏好实际上是会受到他人或文化背景的影响。同样，相同文化背景的人在不同的选择机制的作用下，也会展现出不同偏好的结果。最后，一点小贴士，怎么样才能在开放式点酒的环境中，无论是纽约还是香港，点到自己想要喝的酒而不用受其他人的影响？那你就第一个点吧，先点先赢(first order first benefit)！

6. 神经元经济学（neuroeconomics）

这是经济学家德拉赞·普利莱科(Drazen Prelec)的一项关于品尝红酒(wine tasting)的研究。随机招募第一组群众品尝红酒，两杯酒，群众被告知一号杯中的酒价值5美元，二号杯中的酒价值45美元。同样，再随机招募第二组群众品尝红酒，也是两杯酒，群众被告知三号杯中的酒价值10美元，四号杯中的酒价值90美元。这里的伎俩是，所有杯中的酒其实都是一样的，即价值10美元。首先，在喝过酒后，请两组人都给喝过的两杯酒打分。被告知的信息会不会影响人们的评分？人们会分辨出酒其实都是一样的吗？答案是，被告知的价格信息会显著影响人们的评分，二号杯中酒的评分显著高于一号杯，四号杯中酒的评分远远高于三号杯；没人识别出四杯酒都是一样的。更重要的是，研究者请刚喝过酒的被试者做一个脑部的核磁共振(fMRI)检测，明显地发现在喝过被认为是更高价格酒的被试者大脑中，管理快乐(pleasure)的那一部分神经元被更多地激活了。这表明，不但你的评分更高，而且你的大脑也在欺骗你，说你喝到了更好的酒。所以，这项神经元经济学研究的结论给我们带来了一个深刻的问题：你真的知道你想要的是什么吗？人们的偏好会受到外界假的价格信号的干扰，且大脑也会配合这种干扰。现实中，可能会有商家利用这种伎俩做商品的虚假宣传，比如普通白酒被虚假宣传为茅台，价格定在1988元1瓶。有可能你喝了这瓶酒，正和前面的被试者一样评价很高，并且你的大脑也在欺骗你：这是一瓶茅台好酒呢！

7. 实验经济学

这是经济学家斯蒂文·列维特(Steven Levitt)提到的独裁者博弈(dictator game)实验的一个变种。假设现在要给非洲难民捐款，第一组实验，你可以捐款0～10元。捐款放在信封里，完全匿名。完全不捐是0元，最大捐款金额是10元。在这种情况下，被试验的大学生的平均捐款金额大致是3元。第二组实验，你最多可以从捐款箱中取走1元，最多可以捐款10元，即现在的捐款金额是−1～10元。在这种情况下，大学生捐款的平均金额会变为多少？会比3元多还是少？实际中，这组实验结果的平均金额是0元。第三组实验，你最多可以从捐款箱中取走10元，最多可以捐款10元，即现在的捐款金额是−10～10元。现在捐款的平均金额会变为多少？现实中，大学生捐款的均额大致为−1.5，即从捐款箱中取走1.5元。

照理来说，利他主义这种偏好应该是比较稳定的，喜欢捐款的人就会有捐款的行为。但是以上实验却证明，人们的利他主义实际上是受到外界激励(incentive)影响的，第一组实验中，捐出一小部分钱，我就认为自己是个好人。第二组实验中，不从捐款箱中拿钱，我就认为自己是个好人。第三组实验中，不从捐款箱中拿很多钱，我就认为自己很好了。那个善良且乐善好施的你并没有任何改变，但是激励的不同却大大地改变了人们的选择和偏好。故而，我们有时不应纠结于人之初是性本善还是性本恶，而是需要给利他主义创造一个良好的激励和环境，这才是重要的。很多经济学研究都集中于激励机制问题，比如经济学家约翰·李斯特(John List)的一系列关于献血的研究中，考察了不同的激励政策来鼓励人们多献血的绩效，如金钱激励、公开名义表彰奖励、星巴克的消费券、下次优先用血的献血证等。另外，不但利他主义会受到激励机制的影响，作为公职人员的腐败问题也是如此，试想，如果官员都遇到以上第三组实验的激励，那么从中拿钱的腐败问题就变得很猖獗了。我们需要有效的制度使得没有任何漏洞可以使官员牺牲公众利益并从中谋私利。

综上，基于完备性和传递性的理性偏好看起来很有道理，但我们从一系列前沿的研究中得到了很多有趣的结果。人们的偏好在现实中会受到各种因素的影响，包括有限理性、不确定性、对照组、文化和习俗、价格信号、激励机制等。理性偏好在现实中并不一定总是成立和稳定表现的。

5.2.3 偏好的刻画

现在让我们接受理性偏好的合理性，在经济学的大厦里探讨如何利用图形和数学来刻画偏好的问题。

经济学中，我们采用无差异曲线(indifference curve)来刻画人们的偏好。所谓无差异曲线，就是一条连接消费者相同满足程度的消费组合的曲线。我们将两种物品的数量分别画在底面的横轴和纵轴上，这样每一个包含两种数量的点都位于底平面之上，每一组两种商品数量的组合都会产生一个效用值，即人们消费既定数量的两种商品所得到的满足感，这一效用值是底面的点上垂直于底面的直线的高度（这是一个三维图形）。同样地，满足高度（效用值）在底面上的投影形成了无差异曲线。还是举前文5.1节中张三的例子，图5-3是张三的一条无差异曲线。

在曲线 I_1 上的 A、B 以及其他消费束使张三感到同样快乐，他在它们之间无差异。曲线上的点是同样高度效应值或满足程度在底面上的投影。

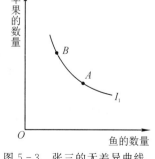

图5-3 张三的无差异曲线

刻画一般人偏好的无差异曲线,需要满足以下的四个特征:

特征一:无差异曲线向右下方倾斜。为什么?这实际上表明,如果鱼的数量减少,那苹果的数量必须增加,以使张三保持相同的满足程度。一个减少一个增加,维持相同的满足程度。这表明两种商品如果都是消费者想要的话,减少一种商品的数量,必须增加另一种商品的数量,才能使消费者同样满足。

特征二:消费者对较高无差异曲线的偏好大于较低无差异曲线。如图 5-4 所示,相对于 I_1 上的每个消费束(如消费束 A),张三更喜欢 I_2 上的每个消费束(如消费束 C)。同时,他对 I_1 上的每个消费束(比如消费束 A)的偏好要大于 I_0 上的每个消费束(比如 D)。

这一特征表明消费者总是偏爱更多数量的两种商品。右上方的无差异曲线代表更多的两种商品,所以更会被偏爱。

特征三:无差异曲线不能相交。我们用反证法来证明图 5-5 是不可能出现的。

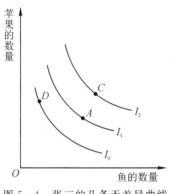

图 5-4 张三的几条无差异曲线

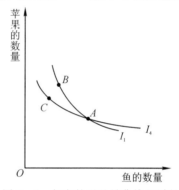

图 5-5 相交的无差异曲线(反例)

证明:张三在 A 与 C 之间无差异(两个消费束都在 I_4)。同时,他在 A 与 B 之间无差异(两个消费束都在 I_1)。所以,根据偏好的传递性,可以推理出张三在 B 与 C 之间也是无差异的。但是,从图 5-5 中可以看出,消费束 B 的两种物品的数量都大于消费束 C 的两种物品的数量,相对于 C,张三会更偏好 B。我们得到了矛盾的结果。因此,无差异曲线不能相交。

特征四:无差异曲线凸向原点。如图 5-6 所示。

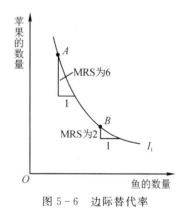

图 5-6 边际替代率

从数学上讲,曲线凸向原点表明曲线的斜率的绝对值是递减的。无差异曲线的斜率有特殊的经济含义。无差异曲线的斜率叫边际替代率(MRS),指的是消费者愿意以一种物品交换另一种物品的比率。具体来说,张三的边际替代率是他愿意为多得到一条鱼所愿意放弃的苹果数量。我们从图 5-6 可以看出,在 A 点,张三有较少的鱼,所以额外一单位鱼对他来说比较珍贵,他愿意用六个苹果来换一条鱼。相反,在 B 点的时候,张三有较多的鱼,所以额外一单位鱼对他来说不再那么珍贵了,额外一单位苹果对他来说比较珍贵,他现在只愿意用两单位的苹果换一条鱼。因此,我们看到的是,沿着无差异曲线向右下方移动,边际替代率不断减少。这种现象背后的经济学道理被称为"边际效用递减",即随着一种商品的增多,另一种商品的减少,前者额外一单位给消费者带来的满足感(效用)降低,后者额外一单位给消费者带来的满足感(效用)上升。

是不是所有的无差异曲线都必须同时满足上面四个特征呢？我们在这里介绍两种特例，如图 5-7 所示。

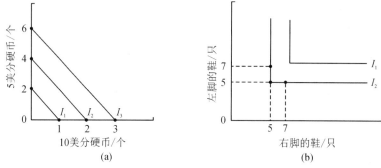

图 5-7 完全替代品与完全互补品

第一种[见图 5-7(a)]是完全替代品，例如，5 美分的硬币与 10 美分的硬币。消费者总是愿意以 2 个 5 美分的硬币来交换 1 个 10 美分的硬币。因此，两种商品的无差异曲线为直线，有不变的边际替代率。另一种[见图 5-7(b)]是完全互补品，例如，左脚鞋与右脚鞋。这两种总是以 1∶1 的比例搭配使用的。{7 只左脚鞋，5 只右脚鞋}等同于{5 只左脚鞋，5 只右脚鞋}。这样的商品的无差异曲线为直角形。世界上绝大多数商品的无差异曲线实际上都介于两者之间，基本满足前面提到的四大特征。

◆ 5.3 最优选择

5.3.1 消费者的最优化选择

从消费者角度考虑，简单来说，消费者都是选择购买支付得起的最满足偏好的商品。我们将预算约束和无差异曲线结合在一起讨论这个问题。还是以 5.1 节张三的预算约束为例，如图 5-8 所示。

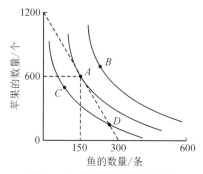

图 5-8 消费者的最优选择

首先，张三偏好 B 胜过 A，但他买不起 B。张三买得起 C 和 D，但 A 在更高的无差异曲线上。所以，A 是最优点，即预算约束线上位于最高无差异曲线上的一点。

在最优点 A 的选择会满足无差异曲线的斜率等于预算约束线的斜率，即有 MRS 等于

$P_\text{鱼}/P_\text{苹果}$,即 MRS 是用苹果来衡量的鱼的边际价值。如果 MRS 大于 $P_\text{鱼}/P_\text{苹果}$,表明另增加一条鱼对消费者的心理价值大于它在市场上的成本,所以张三减少苹果的购买,用省下的钱增加鱼的购买,会使得他更开心。相反,如果 MRS 小于 $P_\text{鱼}/P_\text{苹果}$,表明另增加一条鱼对消费者的心理价值小于它在市场上的成本,所以张三减少鱼的购买,用省下的钱增加苹果的购买,会使得他更开心,即由图 5-8 中的 D 点移动到 A 点。

张三在选择 A 点之后,没有理由再变化他对两种商品的消费数量,他的最优化消费选择已经完成。在这一点上,边际替代率等于价格比。边际替代率反映了消费者替代两种商品的心理比率,而价格是市场客观产生的,具有外生性。最优化的条件正好要求两者相等。这表明,如果主观选择与客观价格相符的话,消费者会取得最大的满足感。

5.3.2 收入变动的影响

在消费者最优选择的这个问题中,消费数量是消费者本身内生选择的结果,是被优化的对象;而商品价格和收入是既定的,是消费者无法选择的外生变量。在本部分,我们将讨论消费者收入增加,对于其最优选择的影响。我们先看图 5-9。

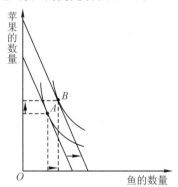

图 5-9 收入增加对最优选择的影响

收入增加使预算约束线向外移动。在变动前的预算约束下,消费者选择的是 A 点。在变动后的预算约束下,消费者选择的是 B 点。相比较而言,我们发现两种商品的消费量都增加了。我们把收入增加会导致需求量增加的商品称作正常商品(normal goods),而把收入增加会导致需求量减少的商品称作低档商品(inferior goods)。世界上绝大多数商品都是正常商品,但低档商品也是存在的。比如,肥肉和垃圾食品。在人们收入增加之后,对它们的需求一般是会下降的。

【思考】如果鱼是正常商品,而苹果是低档商品。请用图形表示出收入增加对张三的鱼与苹果的最优消费量的影响。如果收入减少了呢,又当如何?

5.3.3 价格变动的影响

在原先的例子里,我们假设鱼的价格是 4 元,苹果的价格是 1 元。我们现在讨论一下,如果鱼的价格下降到 2 元后,消费者的最优选择会发生怎样的变化。如图 5-10 所示。

在原先的预算约束线和无差异曲线之下,张三的最优选择为 600 个苹果和 150 条鱼。现在鱼的价格下降了,预算约束线向外移动,在新的最优选择点上,张三需求 500 个苹果和 350 条鱼。

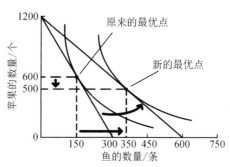

图 5-10 价格变化对最优选择的影响

前后相比较,我们可以发现,在鱼的价格下降的情况下,张三会买更多的鱼和更少的苹果。

事实上,经济学将商品价格变化对商品需求的影响划分为两种不同的效应。换句话说,在上面的例子中,鱼价格的下降对张三具有两种效应。

(1)收入效应:鱼价格的下降使得鱼的购买可以节省出更多的收入,相当于增加了张三收入的实际购买能力,允许他购买更多的苹果和鱼。

(2)替代效应:鱼价格的下降使得苹果相对鱼价格上升,张三会用变便宜的商品来替代变贵的商品的消费,即他会买更少的苹果和更多的鱼。

所以,价格变动导致的最优选择的变动实际上是以上两种效应综合的结果。收入和替代效应都会使鱼的需求量增加,而对于苹果的需求取决于收入效应和替代效应的相对大小,对于苹果的净效应并不确定。

图 5-10 展现的实际上是一种情形,即鱼价格的下降导致了张三对苹果需求的净减少,这表明替代效应的效果大于收入效应的效果。当然,也可能是另一种情况出现,如果收入效应大于替代效应的作用,张三对于苹果的需求会上升。

在现实的选择中,我们只能看到价格变化前后的消费者的最终选择,这种选择是两种效应综合作用的结果。我们能不能在图形和分析中将这两种效应分开?事实上,我们通过作辅助线的方法,是可以展示出来的。具体参见图 5-11。

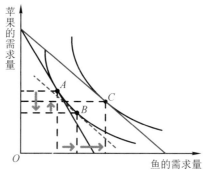

图 5-11 收入效应和替代效应

A 点是鱼价格降低前的最优选择,C 点是鱼降价后的最优选择。图 5-11 上的虚线是我们作的辅助线,这条线与价格变动后的预算约束线平行,且与原来的无差异曲线相切于 B 点。因为鱼价格下降的效果之一是张三的实际购买力增加了,所以我们以变动后的价格为基准,平行向内移动预算约束线与原有的无差异曲线相切,B 点表明,在假设实际购买力不变的条件下,维持原有的效用水平(满足程度)的需求选择。

这样一来,两种效用就分开了。从 A 到 B 的变动代表了替代效应。这一效应表明在维持张三同样的效用水平之下,因为相对价格变化导致的最优消费束的变化。体现在图 5-11 上,这种效应的结果是,鱼需求量增加和苹果的需求量减少,即张三用较便宜的鱼来替代较贵的苹果。

从 B 到 C 的变动代表了收入效应。这显示出因为张三的实际购买力的增加而导致的最优消费束的变化。穿过 B 点的虚线与新的预算约束线平行,表明我们是在维持相对价格不变的前提下来考察实际收入变化对于最优选择的影响。体现在图 5-11 上,这种效应的结果是,因为实际购买力的增加,鱼和苹果的需求量都增加,即两种商品都是正常商品。

讨论了价格对于消费量影响的两种效应之后,我们现在就可以讨论消费者需求曲线的产生了。需求定理是说价格与需求成反向关系,价格越高,需求量越低。需求曲线背后的经济学原理实际上是基于消费者最优选择的。如图 5-12 所示。

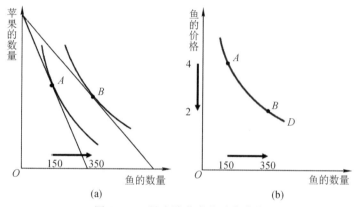

图 5-12　导出消费者的需求曲线

图 5-12(a)是消费者在价格下降前后的最优选择。在价格下降前的 A 点,消费者需求 150 条鱼,价格由 4 元下降到 2 元,消费者对鱼的需求从 150 条变为 350 条,移动到 B 点。我们把价格放在纵轴,把鱼的最终需求量放在横轴,重新做一张图,就是图 5-12(b)所示的张三对鱼的需求曲线了。

5.3.4　吉芬商品

是不是所有商品都满足需求定理,即商品的价格和需求成反向关系?事实上,从理论上来讲,存在一种商品价格和需求成正向关系的可能性。假设有两种物品,土豆和肉,其中土豆是低档商品,即收入越高,需求越低。现在假设土豆的价格上升,一方面,土豆价格上升使得土豆相对于肉的价格提高,替代效应的作用使得消费者用变便宜的商品(肉)来替代变贵的商品(土豆),这样会导致土豆的需求下降。另一方面,土豆价格的上升导致消费者的购买力降低,因为肉是正常商品,土豆是低档商品,所以购买力降低导致肉的需求降低,而土豆的需求反而上升。如果后一种收入效应超过了替代效应的作用,我们就会发现土豆价格的上升会导致对土豆的需求上升,这样就不满足需求定理了。

上面这个例子的图形如图 5-13 所示。我们把土豆数量放在纵轴,肉的数量放在横轴。土豆价格的上升使得预算约束线向内转动,替代效应使得消费者购买更少的土豆。我们设想

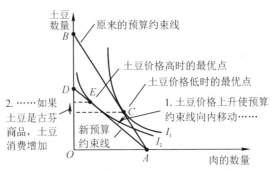

图 5-13　吉芬商品的替代和收入效应

沿着无差异曲线 I_1 移动,直到一点,此点上的斜率与新预算约束线的斜率相等。在这一点,土豆的需求更低,因为消费者用肉来替代土豆。但如果土豆是低档商品,收入效应使得土豆的需求上升。因为价格的上升会使得消费者的境况变差,消费者会买更少的肉(正常商品)和更多的土豆(低档商品)。两种效应的综合,使得 C 点移动到 E 点,最终消费者买更少的肉和更多的土豆。

世界上有这样的商品吗? 在 19 世纪爱尔兰灾荒时期,经济学家吉芬发现,土豆是当时最重要的食物,购买土豆的支出占据了居民大部分的收入。当时的灾荒造成土豆价格上升,人们的购买力因此下降了很多,人们的反应是削减更为昂贵的肉的消费数量,而土豆是低档商品,购买力的下降反而导致土豆的需求上升。因此,出现了土豆价格上升而土豆需求量增加的反常情景。这类需求量与价格成同方向变动的特殊商品以后也因此被称作吉芬商品。

但是也有很多经济学家质疑吉芬的发现,他们认为土豆价格和需求量的正向关系并不是因果关系。当时并没有控制其他因素的干扰,有可能是其他因素共同影响了土豆的价格和数量,使之正相关。

这一问题被罗伯特·杰森(Robert Jensen)和诺兰·米勒(Nolan Miller)在《美国经济评论》(*American Economic Review*)发表的论文"吉芬行为与生活消费"(Giffen Behavior and Subsistence Consumption)很好地解决了。两位作者做了一项实地实验。他们先把某地农村分为相似的实验组和对照组两部分。接着,他们给实验组的农民发放大米的购物券,相当于补贴大米的购买或是给大米降价。然后,他们考察两个组别的农民对大米和肉类食品的消费。他们发现实验组贫穷的农民家庭因为大米的补贴使得其实际收入有大幅度的提高,从而减少了作为低档商品大米的消费,反而增加了肉类食品的消费。原因是主食占家庭预算很大部分,补贴使得其更加富有,更少买主食。最终结果是村民并不是优先获取更多的能量,而是获取味道更好的能量。同时,对照组的家庭没有类似的变化。而取消补贴,则给实验组带了相反的作用。由此,他们认为吉芬效应是存在的,在当时贫穷的某地农村,大米的价格和需求量是正向关系。

5.3.5　工资与劳动供给

前面的内容讨论了消费者在两种商品,如苹果和鱼之间的选择。消费者同样可以在时间上做一取舍,比如闲暇和工作的时间。工作的时间能换来消费,所以,可考虑消费者在消费和闲暇之间的权衡取舍。1 小时闲暇的相对价格是消费者 1 小时工资能购买的消费量。无差异曲线则表示能给他相同安逸程度的消费与闲暇的"消费束"。如图 5-14 所示。

图 5-14 中,预算约束线代表了消费者的选择约束。如果不工作,消费者共有 100 小时的闲暇时间。如果所有时间都用来工作,一共会挣得 5000 元的收入。这里,无差异曲线的边际替代率测量了以消费的金钱价值衡量的 1 小时闲暇的边际价值。预算约束线的斜率等于工资,即每 1 小时额外的闲暇需减少 1 小时的劳动,这会导致减少 1 小时工资所能买的消费。在最优点处,闲暇的边际价值必须等于闲暇的相对价格或工资。如果边际替代率大于工资,休闲的价值大于其价格,所以增加更多的闲暇(工作更少时间)会增加满足感。如果边际替代率小于工资,休闲的价值小于其价格,所以减少闲暇(工作更多时间)会增加满足感。

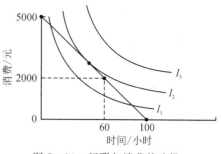

图 5-14 闲暇与消费的选择

作为闲暇价格的工资如果变动的话,对于消费者有何影响?如图 5-15 所示,工资上升的时候(BC1 变动到 BC2),预算约束线向外转动,斜率变大,表明单位小时工资所换的消费增加。工资增加有两种不同的效应。因为工资增加了,即闲暇的价格变贵了,消费者就会减少闲暇,也就是增加劳动供给量,这是替代效应的作用。同时,因为工资增加了,消费者能负担得起更多的两种商品,且两种商品都是正常商品,所以他会增加闲暇时间,即减少劳动供给量。

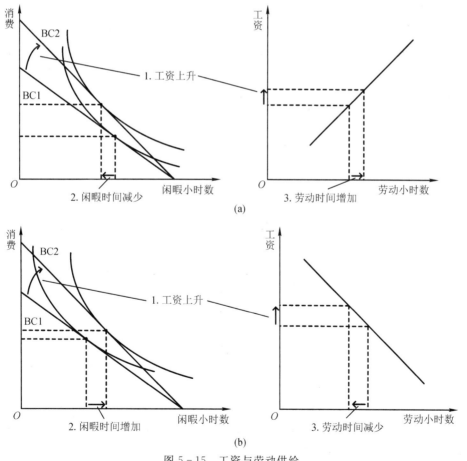

图 5-15 工资与劳动供给

以上两种效应同时起作用。图5-15(a)显示的是替代效应超过收入效应的情况。图5-15(b)显示的是收入效应超过替代效应的情况。我们把工资放在纵轴,把劳动供给放在横轴,就得到劳动的供给曲线。图5-15(a)中闲暇减少了,劳动时间增加了,故劳动供给曲线向右上方倾斜。图5-15(b)中闲暇增加了,劳动时间减少了,故劳动供给曲线向右下方倾斜。

综上,工资上升有收入和替代效应两种不同的作用,最终的劳动供给曲线的形状是两种效应共同作用的结果,如果替代效应大于收入效应,劳动供给曲线向右上倾斜;反之,则向右下倾斜。

工资越高,劳动时间越长比较好理解。工资越高,闲暇时间越多,劳动供给越少,这种情况在现实中可能发生吗?事实上,下面几点可以证明收入效应可以异常强大:在过去的100多年间,技术进步增加了劳动需求和实际工资,而平均工作日却从每周6天减少为每周5天;当一个人获得巨额彩票奖金或继承了一笔遗产的同时,他的工资并没有改变,因此没有替代效应,但这样的人很可能会减少工作时间,意味着有很强的收入效应;还有,百万奖金的获得者有40%不再工作;继承遗产超过15万美元的人不再工作的可能性是继承遗产少于2.5万美元的人的4倍。

5.3.6 利率与家庭储蓄

前面讨论的是消费者在两种商品(鱼和苹果)之间做选择,我们这里将讨论消费者在当前(年轻时)消费和未来(年老时)消费的选择。假设人的一生分为两个时期:时期一,年轻且工作,挣10万元,其消费量为10万元——储蓄量;时期二,老年且退休,消费量为时期一的储蓄加上储蓄得到的利息。这里利率就可以看作是年轻时消费与年老时消费的相对价格。为什么?如果你减少当期消费1元,储蓄1元,那么你未来的消费将增加$(1+r)$元,r代表利率,同样,当你现在增加1元的消费,那么你必须牺牲未来可以消费的金额是$(1+r)$。具体如图5-16所示。

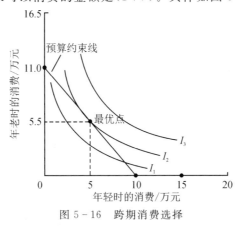

图5-16 跨期消费选择

预算约束线刻画了消费者的收入情况,如前文所述,预算约束线表明利率是10%。无差异曲线的边际替代率是用未来消费衡量的现在消费的边际价值,它表明消费者愿意放弃多少的未来消费以换取一单位的当下消费。

消费者的最优化选择使得MRS等于$(1+r)$,即当下消费的边际价值必须等于现在消费以未来消费衡量的相对价格。如果两者不相等,消费者可通过改变他的储蓄水平(即当下和未来消费的消费束),以达到更高的满足程度。

那么,如果利率上升的话,会产生什么效果呢?具体如图5-17所示。

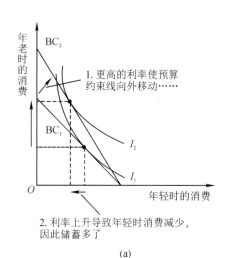 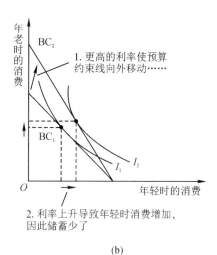

图 5-17 利率与家庭储蓄

一方面，利率上升会产生替代效应，相对于未来消费的当期消费会变得更昂贵。于是消费者减少当期消费，增加储蓄，未来消费也因此而增加。另一方面，利率上升会产生收入效应，利率上升表明消费者未来获得的消费会增加，消费者的境况会更好，他能负担得起更多当期和未来的消费，因而减少储蓄，增加消费。

如图 5-17 所示，更高的利率使预算约束线向外转动。图 5-17(a)中，替代效应超过了收入效应，所以年轻时的消费减少，储蓄增多。图 5-17(b)中，收入效应超过了替代效应，所以年轻时的消费增加，储蓄减少。综上，利率上升对于储蓄的影响取决于替代效应和收入效应的相对大小。

5.3.7 消费者的真实决策

在这一章中，我们介绍了经济学中关于消费者做出选择的模型。读者不禁会问，消费者在购买商品或服务的时候，真是画出预算约束线和无差异曲线，讨论最优点，然后再做出决策吗？针对这一问题，我们的回应如下：

人们并不是在画出预算约束线和无差异曲线之后，再来做消费决策的。但他们力图在资源有限的情况下，做出能最大化他们满意程度的决策，这一点正是与消费者行为理论近似的结果。本章的理论只是作为消费者如何做决策的一个部分，它很好地解释了许多情况下的消费者行为，也为更高深的经济分析提供基础。

 思考与练习

1. 小周喜欢叫比萨外卖和上网租影碟。他一周能通过课外打工挣 30 元。如果每次租影碟需要花费 2 元，比萨饼每片 7.50 元，请画出小周的预算约束线，然后解释和画出以下事件对于预算约束线的影响：

(1) 小周的妈妈发现了一张能免费获得一份比萨的代金券，把它给了小周。

(2) 小周租影碟的公司发起了一项周末促销活动，五张影碟可以原价租用，超过五张以上，所有影碟都可半价租用。

(3)小周最喜欢的比萨店把每片比萨饼的价格从7.50元涨到10元。

2.理性选择的公理假设,个人的偏好必须具有传递性,所以A偏好于B,B偏好于C,则A偏好于C。假设张三、李四和王五对橘子、苹果和梨三种商品具有传递性的偏好。如果他们三人投票选出一个"本月最佳水果",请证明这一组人的偏好有可能不具有传递性。

3.画出以下多对商品的无差异曲线。请把第一种商品数量放在横轴,把第二种商品数量放在纵轴:

(1)王志勇喜欢铅笔和钢笔,但不在乎用哪种笔写字。
(2)张芳静喜欢胡萝卜,不喜欢西蓝花。
(3)李志刚喜欢iTunes中下载的说唱音乐,但是他不在乎重金属摇滚乐的下载。
(4)刘晓红只喜欢以1∶2的比例穿衬衣和戴袖扣。
(5)赵国庆喜欢比萨饼和拖鞋。

4.考虑一对夫妇要生多少个孩子的决策。假定这对夫妇一生中有20万个小时可以用于工作或抚养孩子。工资为每小时10元。抚养一个孩子需要2万个小时。

(1)画出表示一生中消费量和孩子数量之间的权衡关系的预算约束线(不考虑孩子数量必须为整数),并标明无差异曲线和最优选择。

(2)假设工资增加到每小时12元,说明预算约束线如何移动。用收入和替代效应讨论这种变动对孩子数量和一生中消费量的影响。

(3)现实中,社会的富裕程度和人们所要孩子数量是负相关的。这一事实与这个模型一致吗?为什么?

5.经济学家乔治·斯蒂格勒(George Stigler)曾经写道,根据消费者行为理论:"当消费者收入增加时,如果他们不减少某种商品的购买量,那么当这种商品价格上升时,他们肯定要少买这种商品。"请用收入效应和替代效应的概念解释这句话。

6.如果闲暇是一种低档商品,关于劳动供给曲线的斜率,你能得到什么结论?请画图说明。

7.如果一种商品是消费者想要的,另一种商品是消费者厌恶的,那么这两种商品的无差异曲线是什么样的?还是向右下方倾斜吗?

8.如果利率降低了,请画出收入效应和替代效应的图形,并讨论利率降低对于当期储蓄和消费的影响。

9.以下是两种消费束的无差异曲线,其中一个是百事可乐与可口可乐,另一个是白吉馍和腊汁肉。你能准确地判断哪个图是前者,哪个图是后者吗?

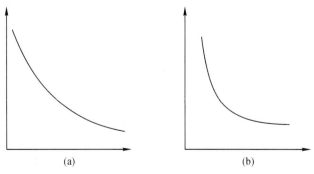

图5-18 两种消费束的无差异曲线

第6章

生产者行为理论

上一章讲述了消费者的选择,消费者所需求的商品和劳务不是凭空产生的,它们是生产者(厂商)通过生产行为创造出来的。本章和下一章内容讨论生产者(厂商)的生产行为。在前面的学习中,我们讨论了生产者的供给曲线,并得到价格越高,供给量越多的供给定理。在本章和下一章的学习中,我们将会较为严格地给出供给曲线的主要理论背景。同时,厂商的生产行为会产生成本,本章将讨论形形色色的成本概念,且成本的概念对于厂商的定价和生产决策具有非常重要的作用。

◆ 6.1 成本的概念

我们先定义厂商的总收益、总成本和利润。我们假定企业的目标是利润最大化。利润＝总收益－总成本。其中,总收益等于企业出售其产品或劳务所得到的货币量;总成本是企业用于生产的投入品的市场价值。厂商的目标就是使得总收益和总成本的差额达到最大。

成本可以分为显性成本与隐性成本。显性成本是指需要厂商支付货币的投入成本。例如,支付给工人的工资。隐性成本是指不需要厂商支付货币的投入成本。例如,厂商所有者时间的机会成本。事实上,总体来说,某种东西的成本是你为了得到它所放弃的东西。无论是显性成本还是隐性成本,对于企业决策都是重要的。

举例来说,假设作为创业企业家的你需要 100000 元开始你的业务。此时市场利率是 5%。情形一:你借款 100000 元,你的显性成本就是 5000 元借款利息。情形二:你使用 40000 元储蓄,并借款 60000 元。这样你的显性成本就是 60000 元的 5%,即 3000 元。隐性成本为 40000 元的 5%,即 2000 元,也就是说,损失了你原本可以获得的 40000 元储蓄的利息。在这两种情形中,总成本(显性＋隐性)都是 5000 元。在第二种情形下,损失的利息是你的存款可以赚得的利息,这是一种机会成本。这个例子显示了一种重要的隐性成本是资本的成本,这种成本实际上是你原本可以将自己的储蓄放在银行或购买债券等获得的投资收益,而不是投入业务中。现实中,我们有时会忘了隐性成本的存在。对于开展业务来说,显性成本是重要的,但总成本(包括显性和隐性成本)才是最为重要的决策依据。

我们再引入两个利润的概念:会计利润是总收益减去总显性成本;经济利润是总收益减去总成本(包括显性成本与隐性成本)。我们由此可以推断,因为会计利润没有考虑隐性成本,因此会计利润要大于经济利润。现实中,会计师会跟踪记录实际流入和流出企业的资金数量,但会忽视隐性成本。经济学家则会研究厂商的定价和生产决策,这些决策会同时受到隐性和显性成本的影响。

我们再举一个例子。假设办公室的均衡租金上涨了 500 元/月。如果你租用办公室进行经营活动,显性成本增加了 500 元/月。会计利润与经济利润都减少了 500 元/月。如果你并没有租用办公室,而是自己拥有办公室。这样,显性成本没有变化,因此会计利润也不会变,而隐性成本增加了 500 元/月,即你使用自己办公室的机会成本是租用它的价格。因此,经济利润减少了 500 元/月。

前面我们提到隐性成本是一种机会成本。我们在这里介绍机会成本和沉淀成本的概念。一种投入的机会成本是该投入在其他用途上获得的最高回报。沉淀成本也叫沉没成本,是指由于过去的决策已经发生了的,而不能由现在或将来的任何决策改变的成本。我们举个真实发生过的例子,有一个经济学专业的女生到系主任张老师的办公室进行咨询。她面临着未来学业的选择问题,她在犹豫是继续读经济学专业的研究生还是跨专业读计算机专业的研究生。当老师问起她纠结的原因时,她说:"如果转专业的话,我四年的经济学专业不就白学了嘛。"张老师说:"看起来你是没有理解机会成本与沉淀成本的含义。假设你大一交往了一个男朋友,一直交往到大四。在快毕业的时候,你要考虑是不是继续和他交往。但在这时,你脑子里考虑的是,如果我不再继续和他交往的话,我这四年的交往时间不就浪费了嘛。"说到这里,女生有些不高兴了,说自己没有那么傻。张老师笑着说:"你在选男友时没有这么傻,但在选择学业方向上却犯了这样的错误。正确的经济学思考方法,应该是四年的经济学专业学习时间或是四年男友交往时间都是沉淀成本,不应作为对未来决策的依据。对未来的决策要看学业或男友的选择产生的未来现金流入和流出的折现值,如果未来现金流入的折现值大于流出的折现值,即净现值(net present value)较大的话,则可以做这样的选择。"

◆ 6.2 生产函数与边际产量

如何刻画厂商的生产过程?在经济学中,特别是在我们介绍的新古典经济学中,生产过程被看作是投入与产出的关系。劳动和资本等投入品被投入生产过程里面,企业通过某种生产技术将投入品做适当匹配,生产出供出售的产品或服务。

为了精确和方便,经济学借用了函数这一数学工具来刻画投入和产出的关系。所谓生产函数,就是用于生产一种物品的投入量与该物品产量之间的关系。它能用表格、方程式或者图形来表示。在下面的这个例子中,我们将展示生产函数、边际产量和成本函数的初步知识。例如,农民李四种植小麦,他有 5 亩土地,他可以雇佣任意数量的工人。生产函数如图 6-1 所示。

如果李四雇佣 1 个工人,产量就为 1000 公斤小麦。如果雇佣 2 个工人,就为 1800 公斤小麦。以此类推,他的生产函数就如图 6-1 中的左表。画成图形就如图 6-1 中右图所示。可见,伴随着投入数量的增加,产出的数量也在增加,投入和产出是正相关的。

李四多雇佣一个工人,其产出增加量即为劳动的边际产量。推而广之,投入的边际产量就是在其他投入量不变的情况下,增加一单位投入所引起的产量增加。符号 Δ 的意思为"变动量"(即有限增量)。比如:ΔQ 为产出的变动量,ΔL 为劳动的变动量,劳动的边际产量(MPL)等于 $\Delta Q/\Delta L$。图 6-2 是总产量和边际产量的计算过程。

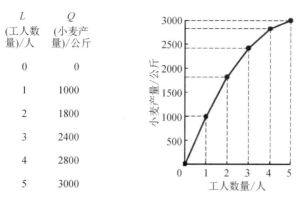

L (工人数量)/人	Q (小麦产量)/公斤
0	0
1	1000
2	1800
3	2400
4	2800
5	3000

图 6-1　生产函数的表和图

	L (工人数量)/人	Q (小麦产量)/公斤		MPL
	0	0		
ΔL = 1			ΔQ = 1000	1000
	1	1000		
ΔL = 1			ΔQ = 800	800
	2	1800		
ΔL = 1			ΔQ = 600	600
	3	2400		
ΔL = 1			ΔQ = 400	400
	4	2800		
ΔL = 1			ΔQ = 200	200
	5	3000		

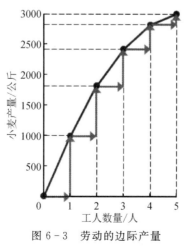

图 6-2　总产量与边际产量

我们看到第 1 单位投入带来的产量增量为 1000 公斤，第 2 单位投入带来的产量增量为 800 公斤，以此类推。我们可以看到，随着雇佣工人的数目增加，劳动的边际产量在不断下降。

参照图 6-3，我们可以看出，劳动的边际产量实际上是生产函数曲线的斜率。在图形上是每增加一单位劳动后，竖向箭头的高度，即每一点的斜率。

图 6-3　劳动的边际产量

我们为什么要讨论劳动的边际产量呢？这是因为，如果农民李四多雇佣一个工人，其付出的工资多了,他的成本会增加。同时,他劳动的边际产量也在上升。比较上升情形,可以了解李四能否从这个新雇佣的工人身上获益。事实上,考虑边际产量不单有助于李四,也有助于所有真实世界的经理人,他们每天在做商业决策的时候,都会比较边际成本与边际收益。

我们可以看到,随着工人数量的增加,农民李四的产出增加得越来越少。为什么会有这样的现象?原因在于,伴随着李四增加工人,每个工人只能种植更少的土地,也会变得更加缺乏效率。设想我们任意加大工人的数量,最后土地上的工人多得都站不下的时候,估计劳动的边际产量就变成负数了。总而言之,如果有固定不变的投入(比如土地或资本)的时候,边际产量会随着劳动的增加而减少。经济学上,一种投入的边际产量随着投入量的增加而减少的特征叫作"边际产量递减规律"。

我们再看李四的成本。假设李四必须为土地支付1000元的地租,不管他种植多少小麦。一个农场工人的市场工资是2000元。因此,农民李四的成本与他生产多少小麦有关系。具体参考表6-1。

表6-1 李四的成本

工人数量 L/人	小麦产量 Q/公斤	土地成本/元	劳动成本/元	总成本/元
0	0	1000	0	1000
1	1000	1000	2000	3000
2	1800	1000	4000	5000
3	2400	1000	6000	7000
4	2800	1000	8000	9000
5	3000	1000	10000	11000

其中,表6-1的最后一列为李四的总成本。总成本的计算方法是土地的成本加上劳动的成本,土地的成本不随产量变动,而劳动的成本随产量变动。

我们把上述生产过程中的小麦产量放在横轴,把总成本放在纵轴,就得到了李四的总成本曲线,即成本是产量的函数。

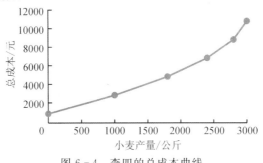

图6-4 李四的总成本曲线

我们再介绍与总成本密切相关的另一个概念:边际成本。所谓边际成本(MC),就是额外一单位产量所引起的总成本(TC)的增加,MC= $\Delta TC/\Delta Q$。图6-5展示的就是总成本和边际成本之间的关系。

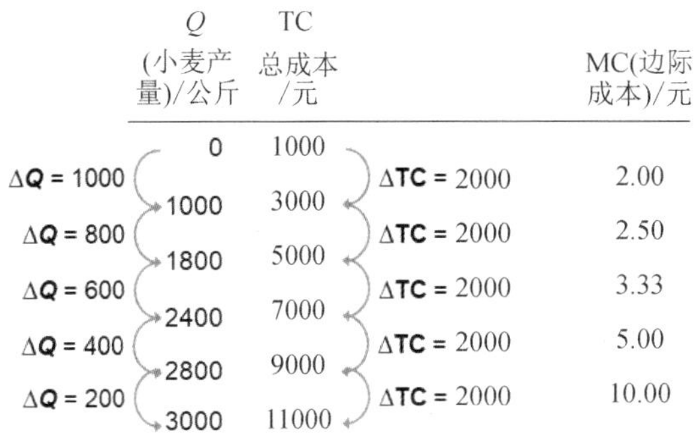

Q
TC
(小麦产量)/公斤
总成本/元
MC(边际成本)/元
0
1000
ΔQ = 1000
1000
3000
ΔTC = 2000
2.00
ΔQ = 800
1800
5000
ΔTC = 2000
2.50
ΔQ = 600
2400
7000
ΔTC = 2000
3.33
ΔQ = 400
2800
9000
ΔTC = 2000
5.00
ΔQ = 200
3000
11000
ΔTC = 2000
10.00

图 6－5　总成本与边际成本

图 6－5 的左边，我们可以计算出每增加一单位劳动所带来的产量的增加量 ΔQ，图 6－5 的右边，我们可以计算出每增加一单位劳动所带来的总成本的增加量 ΔTC，后者除以前者就得到了边际成本（MC）。

我们把产量放在横轴，边际成本放在纵轴，就得到了李四的边际成本曲线，如图 6－6 所示。由图 6－6 可知，边际成本是产量的函数。

12
10
8
6
4
2
边际成本/元
0
1000
2000
3000
产量/公斤

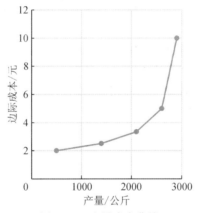

图 6－6　边际成本曲线

为什么边际成本很重要呢？农民李四是理性的，并打算最大化他的利润。为了增加利润，他应该生产更多还是更少的小麦呢？为回答这个问题，农民李四需要“考虑边际条件”。如果多生产小麦的成本（MC）大于出售它的收益，那么增加产量，李四的利润也会增加；反之，则减少产量，李四的利润会增加。在下一章，我们会学到厂商如何选择产量 Q 来最大化它的利润。

6.3　各种不同类型的成本

我们先介绍固定成本和可变成本。所谓固定成本（FC），是指不随产量变动而变动的成本。对于李四而言，不管生产不生产，生产多少，1000 元的土地租金都是要支付的成本。其他固定成本的例子包括设备成本、偿还贷款、租金支付等。可变成本（VC）指的是随着产量变动而变动的成本。对于李四而言，可变成本就是他支付给工人的工资。产量越高，越需要雇佣更多工人，工资的成本会上升。其他可变成本的例子有原材料的成本等。总成本就是固定成本和可变成本的总和。

我们现在再举一个一般化的例子,适用于任何投入生产任何物品的任何类型的企业。图6-7是企业的固定成本、可变成本和总成本。

Q	FC	VC	TC
0	100	0	100
1	100	70	170
2	100	120	220
3	100	160	260
4	100	210	310
5	100	280	380
6	100	380	480
7	100	520	620

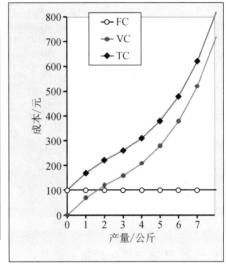

图6-7 各种成本曲线

在这个例子中,生产的固定成本是100元,无论生产多少,都要支付这个成本,表现在图形上就是一条直线。可变成本和总成本随产量增加而增加。图6-7中,总成本与可变成本应该是"平行"的,其中,前者比后者高一个固定成本的距离。

我们再看边际成本,如图6-8所示。

Q	TC	MC
0	100	
		70
1	170	
		50
2	220	
		40
3	260	
		50
4	310	
		70
5	380	
		100
6	480	
		140
7	620	

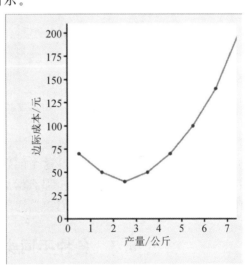

图6-8 边际成本曲线

边际成本(MC)就是每增加一单位产量所增加的成本。我们可以看到,MC有一个先减后增的走势。

除上述成本的概念外,还有几个成本的概念。平均固定成本(AFC)是指平均每一单位的固定成本。假设生产汽车工厂的固定成本是100万。如果产量为1,AFC为100万。如果产量为2，AFC就为50万。产量为5，AFC就为20万。如果产量为100，AFC就为1万。可见，工厂生产的汽车越多，固定成本被分摊得越薄，单位产量的固定成本就越小，即AFC越低。所以，AFC曲线应该是单调递减的。平均可变成本（AVC）是平均每一单位的可变成本，即AVC＝VC/Q。平均总成本（ATC）是平均每一单位的总成本，即ATC＝TC/Q。我们把所有成本画在一张图上，如图6-9所示。

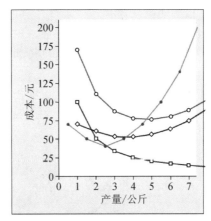

图6-9　所有的成本曲线

我们可以看到，除了AFC是递减之外，ATC、AVC和MC都是呈先减后增的趋势。

读者可能不禁要问：为什么ATC通常是U形的？我们的解释是，伴随产量的上升，最初，AFC的减少使ATC下降。但产量增加比较多时，AVC会逐渐上升，AVC的上升会使得ATC增加。而厂商最有效率的规模则是使ATC最小的产量。

另外，从图6-10中可以看出，当MC小于ATC的时候，ATC减少；当MC大于ATC时，ATC增加。MC曲线从ATC曲线的最低点处穿过ATC曲线。

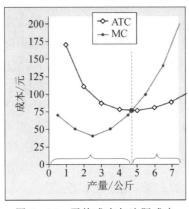

图6-10　平均成本与边际成本

我们通过一个类比来解释。一个学生的平均学分绩点（GPA）就像是ATC。他下一门课的考试成绩就像是MC。如果他的下一门成绩（MC）比他的GPA（ATC）更低的话，那么他的GPA会下降，如果他的下一门成绩（MC）比他的GPA（ATC）更高的话，那么他的GPA会上升。

我们再通过数学证明这一点，把ATC对Q求导：

$$\text{ATC}' = \frac{d(TC/Q)}{dQ} = \frac{(dTC/dQ)Q - TC}{Q^2} = \frac{MC \cdot Q - TC}{Q^2} = \frac{MC - ATC}{Q}$$

由上式可得，当 MC 大于 ATC 的时候，ATC 递增；当 MC 与 ATC 相等的时候，ATC 最小；当 MC 小于 ATC 的时候，ATC 递减。由此证明，MC 曲线从 ATC 曲线的最低点处穿过 ATC 曲线。

前面提到的边际报酬递减规律有一个条件是有的要素要固定投入，这是一种短期成本的概念。经济学上，企业经营有短期和长期的区别。短期中，有一些投入的数量是固定的（比如工厂、土地），这些投入的成本是固定成本。而在长期中，所有投入的数量都是可变的，比如企业可以建造更多的工厂或者出售已建好的工厂。在长期中，任何产量的平均总成本都是使用生产那个产量的最有效率的投入的成本，比如在平均成本最低的工厂规模时生产。具体参考图 6-11。

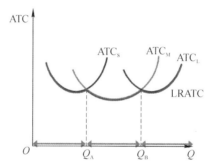

图 6-11 长期平均成本：三种不同规模的工厂

假设企业能选择三种不同的市场规模：S、M、L。每种规模都有它的短期平均总成本曲线。企业能在长期里选择一个不同的工厂规模，而在短期里则不能。

具体来说，假设企业选择一个 Q_A 左边的产量 Q。这个 Q 会对应 ATC 曲线。考虑到小工厂的每单位成本比中型工厂更小，企业可能会在短期受制于中型工厂，但是在长期，如果它希望生产这样的产量，企业会选择具有最低单位成本的小型工厂规模。因此，对于小于 Q_A 的 Q，长期 ATC 曲线是从 0 到 Q_A 的 ATC_S 曲线。

假设企业选择一个 Q_A 右边的产量 Q。这个 Q 会对应 ATC 曲线。考虑到中型工厂的每单位成本比小型工厂更小，企业可能会在短期受制于小型工厂，但是在长期，如果它希望生产这样的产量，企业会选择具有最低单位成本的中型工厂规模。因此，对于在 Q_A 和 Q_B 之间的 Q，长期 ATC 曲线是从 Q_A 到 Q_B 的 ATC_M 曲线。同理，我们可以得到大于 Q_B 的产量决定选择 ATC_L 的规模。

总结一下，生产低于 Q_A 的产量，企业在长期会选择规模 S。生产在 Q_A 与 Q_B 之间的产量，企业在长期会选择规模 M。生产高于 Q_B 的产量，企业在长期会选择规模 L。

现实世界中，存在许多不同规模的工厂，每种规模的工厂都有它自己的短期平均总成本曲线，因此一个典型的长期平均总成本曲线就形成了，如图 6-12 所示。

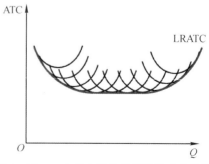

图 6-12 一个代表性的长期平均成本曲线

如果有无数规模可以选择的话,我们就说长期总成本曲线(LRATC)是短期总成本曲线的包络线。

那么,生产规模变动时,平均总成本如何变动呢？如果长期平均总成本随产量增加而减少,我们定义这样的情形为规模经济。如果长期平均总成本在产量变动时保持不变,我们定义这样的情形为规模收益不变。如果长期平均总成本随产量增加而增加时,我们定义这样的情形为规模不经济。具体参考图6-13。

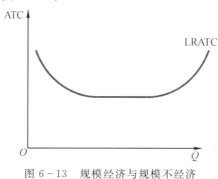

图6-13 规模经济与规模不经济

所以图6-13中,处于LRATC左边的区域是规模经济,中间一段是规模收益不变,右边的一段是规模不经济。

规模经济的产生是因为较高的产量水平允许工人实现专业化,专业化可以使工人更精通某一项工作。在产量低时,规模经济更常见。规模不经济的产生是由于任何一个大型组织中固有的协调问题。例如,管理团队越庞大,成本控制就越困难。当产量高时,规模不经济更常见。

思考与练习

1.根据学到的成本概念,考虑以下的问题：

(1)国际空间站是美国宇航局和其他国家的宇航局发射的一颗可居住卫星。2009年,美国宇航局考虑在接下来的5~6年里关闭国际空间站。许多人反对关闭国际空间站,比尔·内尔森参议员是其中之一。他说："如果我们已经为它花了1000亿美元,我认为我们不想在2015年关闭它。"请指出该参议员的推理中存在的错误。

(2)你计划建一栋公寓。市场研究部门估计收益将为900万元,工程部门估计成本将为600万元。你已经开工了,花了150万元打地基,这时经济出现衰退,这导致市场研究部门将收益估计值下调到400万元。你应该完成公寓的建造吗？

2.刘美发拥有一家理发店,她需要决定雇佣多少理发师。她的理发店的生产情况如表6-2所示。

(1)试计算雇佣额外一名理发师的边际产品,并填入表中的最后一列。在什么范围内劳动的边际产品递增？不变？递减？试画出该生产函数图。通过考察图形,你应该能看出在哪一点劳动的平均生产率最高,试通过计算每一点的平均生产率来对你的答案加以说明。

表 6-2 理发店生产情况表

理发师数量/人	每天提供的理发次数/次	边际产品
0	0	
1	12	
2	36	
3	60	
4	72	
5	80	
6	84	

(2) 理发店的营业成本为每天 160 元，而每天支付每位理发师的成本为 80 元。利用这一信息和前一问的信息，试做一个表，其各列的表头分别为产量、所需劳动、总可变成本、总成本、边际成本、平均可变成本和平均成本。如果一次理发的价格为 10 美元，并且该店每天为 80 人理发，它每天的利润是多少？

(3) 利用前两问的信息，在一幅图上画出该理发店的总成本曲线。在第二幅图上，画出边际成本曲线、平均成本曲线和平均可变成本曲线。这些曲线与你所预料的形状一致吗？边际成本曲线与平均成本曲线在你所预料的点相交吗？

3. 请填写表 6-3 中空白的部分。

表 6-3 可变投入要素产量表

可变投入要素的数量	总产量	可变投入要素的边际产量	可变投入要素的平均产量
0	0		
1	225		
2			300
3		300	
4	1140		
5		225	
6			225

4. 假定西安的 T 恤市场上有众多的竞争者，生产的产品是完全的替代品，企业可以自由进入和退出市场。一件 T 恤的价格是 20 元，该市场的一个生产者的总成本和边际成本函数如下：

$$TC(Q) = 500 + 0.1Q^2$$
$$MC(Q) = 0.2Q$$

(1) 总成本函数的哪一部分代表固定成本？
(2) 写出该企业的平均可变成本函数。
(3) 计算该企业利润最大化的 T 恤数量。
(4) 计算使该企业生产利润最大化的 T 恤数量的平均总成本。
(5) 生产利润最大化的 T 恤数量的平均可变成本是多少？该企业会继续经营还是停产？
(6) 该企业赚取到了利润吗？这强化了你对问题(5)的答案吗？为什么？

5.市政府正在考虑两个税收建议：

(1)对每个汉堡包的生产者征收300元的定额税。

(2)对每个汉堡包征收1元的税,由汉堡包的生产者支付。

请问：

(1)平均固定成本、平均可变成本、平均总成本和边际成本这四条曲线中,哪一条曲线会由于定额税而移动？为什么？请用图形说明这一点,尽可能准确地在图形上标明。

(2)同样的这四条曲线中,哪一条会由于对每个汉堡的税收而移动？为什么？请用新的图形说明这一点,尽可能准确地在图形上标明。

6.你能不能再举出几个关于混淆沉淀成本与机会成本,做出错误决策的例子？在这样的例子中,你能提出正确的经济学式的思考方式吗？

7.根据各种成本之间的关系,完成表6-4中空缺的地方。提示:首先推出FC＝50元,并利用FC＋VC＝TC。

表6-4 各种成本关系表

Q	VC	TC	AFC	AVC	ATC	MC
0		50	n/a	n/a	n/a	
1	10			10	60.00	10
2	30	80				
3			16.67	20	36.67	30
4	100	150	12.50		37.50	
5	150			30		
6	210	260	8.33	35	43.33	60

第 7 章

市场结构

在第 5 章和第 6 章,我们探讨了消费者的最优选择行为和生产者的最优生产行为。生产和消费在时间和空间中对接起来才有意义,两者对接的场所被称为市场,即市场是生产者和消费者相互交易的场所。

现实中的市场多种多样,我们将会根据买方(消费者)势力和卖方(生产者)势力的大小,对各种市场结构予以分类讨论。我们首先讨论世界小麦的期货市场,这样的市场中,商品是同质化的,互相具有完全的替代性。尽管农场主可能有几万吨产量,但是相对于全球的小麦产量来说,只是沧海一粟。所以,作为小麦生产者的农场主不具有市场势力,他们只是价格的接受者,只是根据给定的价格卖出自己的小麦,赚取零经济利润。这样的市场结构,我们称作是近似完全竞争市场。

我们再看另一个极端。世界的钻石生产实际上是非常集中的,戴·比尔斯(De Beers)公司一度控制了全世界钻石矿产量的 80%,这家公司就有非常大的市场势力,整个行业的供给几乎是全部由这一家厂商提供的。它可以按照自己利润最大化的决策进行生产,而这种决策会导致价格高于市场完全竞争的价格,提供的数量低于完全竞争时的数量,由此造成社会福利的损失。这样的市场结构,我们称作是近似完全垄断市场。

当然,在完全竞争和完全垄断之间,还存在其他类型的市场结构。很多城市都有类似于西安回民街这样的特色饮食集中的区域。在西安回民街,有成百上千种各具特色的食品可以选购,各家饭馆的食品既具有相似性,又具有特色,成为不完全的替代品。各家饭馆在色、香、味等各方面进行全方位的竞争。在这样的市场结构上,各家饭馆具有一定市场势力和定价的权力,生产的产量和价格接近于完全竞争。这样的市场结构,我们称为垄断性竞争市场。

中国的移动通信服务市场体现出不同于以上市场的情形。中国市场上只有很少几个电信运营商,主要的三个是中国移动、中国联通和中国电信。这样,其中一家运营商做决策时势必会考虑这一决策对于另外两家运营商的影响,以及策略推出后另外两家运营商的反应。比如,中国移动降低话费时势必会考虑降价对于中国联通和中国电信的影响,以及中国联通和中国电信的反应。这样,有限的几家厂商虽然各自都具有很大的市场势力,但却面临着主要对手的激烈竞争。这样的市场结构,我们称为近似寡占(寡头垄断)市场。

还有一种市场具有前面垄断市场的特性,即主要由一家提供商品或服务。但是,垄断形成的原因是这个市场由一家企业提供商品的平均成本低于多家企业提供商品的平均成本,所以形成了一家企业能够以低于其他企业的成本向整个市场供应一种所需的物品或劳务的局面。

这种特性一般在厂商固定成本比较大的行业较为常见,比如电力、自来水等。这样的市场结构被称为自然垄断。为了社会福利,政府会对这样的市场有管制政策。

综上,在市场结构这一章,我们会讨论五种主要的市场结构类型:完全竞争、完全垄断、自然垄断、垄断性竞争、寡占。

7.1 完全竞争市场

7.1.1 竞争性厂商的利润极大化

理论上,一个完全竞争市场具有以下几个特征:

(1)市场上有许多买者和卖者。

(2)各个卖者提供的物品大体上是相同的。

因为有以上的特征,厂商在市场中没有任何市场势力,它们的行为对于市场价格都可以忽略不计。它们都是既定价格的接受者,把价格作为给定。

(3)厂商能够自由地进入或退出市场。这一点表明进入或退出市场没有障碍,比如政府没有限定市场中企业的数目。

我们再看满足以上条件的竞争性企业的收益。企业的总收益(TR)是:$TR = P \cdot Q$。平均收益(AR)是单位产量的收益水平,即 $AR = TR/Q$,联系起来,我们得到 $AR = P$。边际收益(MR)是指增加一单位销售量引起的总收益的变动。$MR = \Delta TR/\Delta Q$。这三个概念和前面的总成本(TC)、平均总成本(ATC)和边际成本(MC)的概念是类似的。

由前面的内容我们可以得到,对于一个竞争企业而言:$MR = P$。这表明一个竞争企业能够增加它的产量,而不影响市场价格。因此,每单位产量增加使收益增加 P,也就是 $MR = P$。注意,这一条件目前仅对竞争市场上的企业成立。

那么,竞争企业利润最大化的产量是多少?回答这一问题,我们需要考虑边际量。如果产量增加一单位,那么收益增加 MR,成本增加 MC。如果 MR 比 MC 大,那增加产量会提高利润;反之,降低产量会提高利润。

表 7-1 利润最大化

Q	TR	TC	利润	MR	MC	△利润=MR−MR
0	0	5	−5			
				10	4	6
1	10	9	1			
				10	6	4
2	20	15	5			
				10	8	2
3	30	23	7			
				10	10	0
4	40	33	7			
				10	12	−2
5	50	45	5			

以表 7-1 为例,价格为 10,乘以数量,得到总收益(TR)。根据每一单位产量所增加的收益,我们得到了边际收益(MR),可以看到,边际收益也等于价格。我们再填入生产的总成本(TC),根据每一单位产量增加所增加的成本,我们得到了边际成本(MC)。有了 TR 和 TC,相

减得到利润，MR 再减去 MC 得到利润的变动——Δ 利润。我们可以看到，当 MR = MC 的时候，利润最大达到 7。所以，当厂商生产 3 或 4 单位产品的时候，就实现了利润最大化。也就是说，当产量在 0、1 或 2 时，MR 比 MC 大，这时增加产量更加有利可图。当产量在 5 时，MR 比 MC 小，这时减少产量更加有利可图。

我们把以上的选择以图的形式画出来，得到图 7-1。

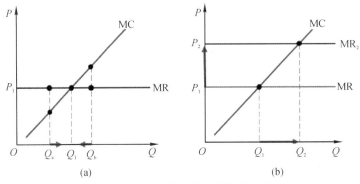

图 7-1　竞争性企业短期供给曲线

根据图 7-1(a)，在 Q_1 的左侧，如 Q_a，MC＜MR，因此增加产量会提高利润；在 Q_1 的右侧，如 Q_b，MC＞MR，因此降低产量会提高利润。在 Q_1，MC = MR，改变产量会减少利润。所以，厂商利润最大化的最优选择就是 Q_1。

根据图 7-1(b)，如果价格上升到 P_2，原先最优产量时 MC < MR，那利润最大化的产量会增加到 Q_2。如果价格下跌的话，最优产量会下降。所以，MC 曲线决定了企业在不同价格下的产量。供给函数的定义就是供给价格和数量之间的关系，而 MC 曲线正是把供给的价和量联系起来的纽带，所以 MC 曲线便是企业的供给曲线。

7.1.2　停业与退出市场

到目前为止，我们讨论的都是企业生产的产量是多少。有没有可能在某种情况下，企业停止营业，不生产任何东西？下面的内容就要分析企业的停业点。

我们先对两个概念予以区分。停止营业是指由于市场条件，企业决定在某个特定时间不生产任何东西的短期决策。退出市场是指企业离开市场的长期决策。一个重要的区别是，如果在短期内停止营业，企业仍必须支付固定成本。而如果在长期内退出市场，则没有任何成本。

停止营业的成本就是无法创造任何的收益，收益 TR 的损失，就是停业的成本。停业的收益体现为，虽然企业仍然必须支付固定成本(FC)，但是因为企业不生产，它会节约可变成本(VC)的部分。如果停业的收益大于成本的话，则企业会停业，即 VC > TR 时，企业停止营业。我们把不等式两边都除以产量 TR/Q < VC/Q，因此，我们推导出企业停止营业的标准是：P < AVC。具体如图 7-2 所示。

当价格低于 AVC 的时候，那企业将停止营业，企业的供给为 0，就是坐标轴纵轴的一部分。而当价格高于 AVC 的时候，企业将会把产量定在 P = MC 的地方，企业的供给函数就是 MC 曲线。综上，竞争企业的短期供给曲线是边际成本曲线在平均可变成本曲线以上的那一部分。

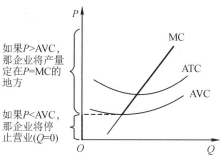

图 7-2 竞争性企业的停业点

停业点的选择又再一次地印证了沉淀成本的概念。沉淀成本是指已经发生而且无法收回的成本。沉淀成本应该与决策无关,无论你做怎样的决策,你都必须支付它们。竞争企业的固定成本就是一种沉淀成本,无论企业决定生产或停止营业,都必须支付固定成本。因此,固定成本的大小不影响做是否停止营业的决策。

另一个问题,当价格低于平均成本且高于平均可变成本的时候,并没有到停业点,企业还在继续生产,但是此时企业生产是亏损的,亏损的企业还要再生产吗?事实上,现实中确实存在短期内一边亏损一边生产的半死不活的企业。它们不停产也是理性的,因为生产的话,在弥补可变成本之后,还能补偿一部分固定成本投入而带来的损失,比完全停业的收益更大。所以,他们选择不停业而继续生产。

长期意味着所有生产要素的投入都可变,企业在长期有可能做的决策是退出市场。企业退出市场的成本是可能的收益损失(TR)。退出市场的收益是可以节约所有的生产成本(TC),因为长期内固定成本为 0。因此,如果企业退出市场的收益大于成本的话,则企业会选择退出市场,这一条件即为 TR<TC。把不等式两边除以企业的产量 Q,我们会得到,如果 P<ATC 的话,企业会选择退出市场。换个角度,我们也可以推出,长期内,一个潜在的市场进入者需要比较进入市场的收益(TR)和成本(TC),如果 TR>TC,则潜在的进入者会进入市场。长期竞争企业的供给曲线如图 7-3 所示。

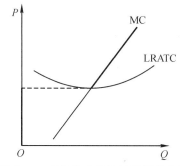

图 7-3 竞争性企业的长期供给曲线

如果 P<ATC 的话,企业退出市场,供给曲线就为纵轴。当 P>ATC 的时候,企业的供给曲线就是 MC 曲线。因此,竞争企业的长期供给曲线是边际成本曲线位于长期平均总成本曲线以上的部分。

竞争性企业在短期内有可能盈利,具体举例如图 7-4 所示。其中市场价格为 10 元,所对应的企业平均成本为 6 元,产量为 50 单位。图 7-4 中阴影部分即为该企业的利润。其中,企业每单位利润为 4 元,总利润为 200 元。

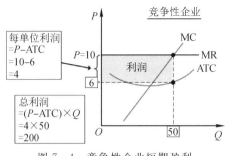

图 7-4　竞争性企业短期盈利

7.1.3　竞争市场的供给曲线

我们首先提出关于市场供给的前提假设：

(1)我们假设市场上的企业与市场的潜在进入者都具有相同的成本。

(2)一些企业的进入或退出市场并不影响另一些企业的成本。

(3)市场中企业的数量，短期内固定(由于固定成本的存在)，长期内可变(由于进入或退出市场都无限制)。

在现实世界中，有很多市场并不满足假设(1)和(2)，我们这里提出这两个假设只是为了简化分析。在本章后面部分，我们将去掉这两个假设，以观察结果的变动。相比而言，假设(3)是更有道理的，在现实世界中，企业进出市场更有可能发生在长期而不是短期内。

我们先讨论短期市场供给曲线。根据前面的分析，只要 $P \geqslant AVC$，每个企业都将生产利润最大化的产量，也就是在 $MR = MC$ 时的产量。在每个价格上的市场供给量是这个价格时所有企业的供给量的总和。具体如图 7-5 所示。

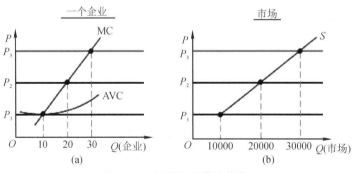

图 7-5　短期市场供给曲线

我们假设有 1000 个完全相同的企业，"相同"意味着所有厂商都有同样的成本曲线。在每个 P，市场 $Q_S = 1000 \times$ 一个企业的 Q_S。P_1 是最小的 AVC 值。在任何一个低于 P_1 的价格，每一家企业都会关门，市场供给量将等于 0。因此，市场供给曲线起始于 P_1 和 $Q = 10000$。经济学上，把右边的图形即图 7-5(b)，叫作是左边图形即图 7-5(a)的水平加总，即垂直距离不变，相同高度的水平距离扩大 1000 倍。通过这样的加总，我们得到了短期内竞争性市场的市场供给曲线。

以上是短期的讨论。在长期中，由于企业的进入与退出市场，企业数量会发生变化。如果市场上的企业获得正的经济利润,新的企业会进入,短期市场供给向右移动。这时会导致价格下降,利润降低,企业进入速度减慢。如果市场上的企业有亏损,一些企业会退出市场,短期市场供给向左移动。这时会导致价格上升,减少仍在市场上的企业的损失。

市场的长期均衡决定了在进入和退出过程结束时,仍然留在市场中的企业的经济利润必定是零。我们知道,当 $P=\text{ATC}$ 时,经济利润为零。由于企业在 $P=\text{MR}=\text{MC}$ 处生产,零利润条件是 $P=\text{MC}=\text{ATC}$。因为前面提到 MC 曲线在 ATC 曲线的最低点与 ATC 曲线相交,因此,在长期中,P 等于最小的 ATC。

此时很自然地产生了一个问题:如果在长期均衡中,企业利润为零,为什么它们要留在市场?我们的解释是,这里所说的企业利润指的是经济利润,即收益减去所有的成本,包括隐性成本,比如所有者用于经营的时间的机会成本和金钱的成本。在零利润均衡时,企业的收益必须能够补偿所有者的上述机会成本。实际上,会计师可以在报表中发现正的会计利润。竞争性市场的长期均衡可以参考图 7-6。

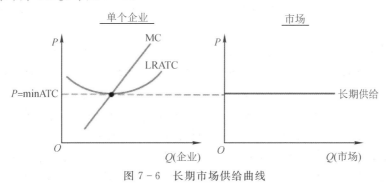

图 7-6 长期市场供给曲线

如图 7-6 所示,在长期中,代表性企业获得零利润。长期市场供给曲线是水平直线,即 $P=\min \text{ATC}$。竞争性市场是怎么达到长期均衡的呢?具体请参考图 7-7。

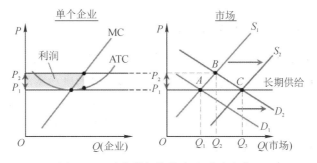

图 7-7 需求增加的影响:短期与长期

如图 7-7 所示,市场开始时处于长期均衡,位于 A 点。然而,需求增加使价格上升,D_1 上移到 D_2,新的短期均衡点为 B 点,价格上升到 P_2,使企业获得短期利润,如左图阴影部分的面积。经济利润的产生会吸引其他厂商的进入。当利润引起企业进入时,供给增加,价格下降,即 S_1 向右移动,使利润趋于零,又回到长期的零利润均衡。即 S_1 移动到 S_2,价格由 P_2 又下降到 P_1,均衡点又由 B 移动到 C。连接最初的 A 点和最终的 C 点,我们得到长期市场供给曲线是一条水平的直线。

【思考】如果短期需求降低使得价格下降,请画出图形,解释短期的调整以及长期均衡的实现。

我们在前面两个假设下,得到长期市场供给曲线是水平的:①所有企业都有完全相同的成本;②一些企业进入或退出市场并不改变其他企业的成本。如果任意一个假设不成立,那长期供给曲线会向右上方倾斜。

假设存在有不同成本的企业,如果价格上升,具有低成本的企业将在高成本企业之前进入市场。价格进一步上升会促使高成本企业也进入市场,这会增加市场供给量。因此,长期供给曲线向右上方倾斜。在任意 P,对边际企业而言,$P=\min ATC$,利润$=0$。对低成本企业,利润>0。所谓边际企业,指的是如果价格再降低就会退出市场的企业。另外,在某些行业,一些关键投入的供给是有限的,比如,适宜耕种的土地数量是有限的。新企业的进入使这种投入的需求增加,从而使价格上升,这会增加所有企业的成本。因此,价格上升将引致市场供给量增加,长期供给曲线向右上方倾斜。再举一个例子,海滩的产权数量是有限的。沙滩娱乐休闲产业的扩张会激发这些海滩产权的价格,使得整个行业的成本上升,产生向上倾斜的长期供给曲线。

最后一个问题,市场如果处于完全竞争之中,竞争市场是有效率的吗?我们知道,任何厂商的利润极大化都要求 $MC=MR$。而完全竞争的条件是 $P=MR$。因此,完全竞争的均衡是 $P=MC$。MC 是生产边际单位的成本,是社会多生产一单位商品的耗费。P 是边际买者的评价,表明社会生产一单位商品给消费者和社会大众创造的价值。边际耗费等于边际价值,表明从社会福利上来看,竞争均衡是有效率的,最大化了社会总剩余。下一节中我们会讲到垄断,垄断厂商定的价格会高于边际成本,其生产的产量相对于竞争市场较少,其索要价格相对于竞争市场较高。垄断会带来社会福利的净损失,因此产生了政府管制垄断市场的必要性。

◆ 7.2 垄断

7.2.1 垄断厂商的利润极大化

垄断的严格条件是只有一家厂商作为商品卖方的市场。事实上,市场上可以有多家厂商,因此,垄断厂商可以定义为一个没有相近替代品的产品的唯一卖者的企业。本章我们将学习垄断,并将它与完全竞争作对比。这里可以先强调一点,垄断与完全竞争的主要区别在于垄断企业具有市场势力(market power),具有影响它出售产品的市场价格的能力,而竞争性企业是价格的被动接受者,没有任何市场势力。

那为什么会产生垄断呢?垄断产生的根本原因是进入壁垒,因为有这样的壁垒存在,其他企业不能进入市场,整个市场就只保留了一家企业。进入壁垒的形成主要有三个原因:

(1)生产所需要的关键资源由单个企业所拥有。比如,戴·比尔斯公司拥有世界上大部分的钻石矿藏。

(2)政府给予单个企业排他性生产某种物品或劳务的权利。比如,专利、版权法。

(3)自然垄断。即一个企业能够以低于其他企业的成本向整个市场供应一种所需的物品或劳务。电力行业是较为常见的自然垄断行业,具体如图 7-8 所示。

图 7-8 是电力市场的平均总成本曲线。横轴是需提供电力的家庭数量,纵轴度量给每个

家庭提供电力的平均总成本。假如有1000个家庭需要电力,如果一个企业向1000个家庭供应电力的平均总成本(50元)比两个企业分别向500个家庭供应电力的平均总成本(80元)更低,我们称这个行业为自然垄断行业。在自然垄断行业,可能一家企业生产将会比多家企业生产更有效率。为什么会出现这样的图形?这主要是因为,对于电力行业来说,固定成本很大,而边际成本很小,所以造成ATC曲线向下倾斜。

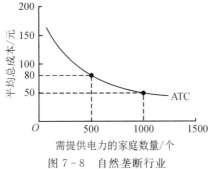

图7-8 自然垄断行业

我们在前一节学到,完全竞争厂商面对的是一条水平的需求曲线,它们只是价格的接受者。而对于垄断企业来说,它是唯一的卖者,它所面临的是整个市场的需求曲线。具体如图7-9所示。

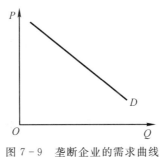

图7-9 垄断企业的需求曲线

因此,为了卖出更多的产品,企业必须降低价格。因此,MR≠P。为什么会这样呢?我们需要进一步理解垄断者的边际收益。事实上,增加产量对收益有两种影响:一方面是产出效应,即更高的产出增加收益;另一方面是价格效应,即价格下降,减少收益。换句话说,为了卖出更多数量的产品,垄断者必须降低它出售每一单位产品的价格。因此,我们得到MR<P。如果上述价格效应超过产出效应,MR甚至可能为负。

那么,垄断厂商如何达到它的利润最大化呢?与竞争性企业一样,垄断者最大化它的利润,直到MR=MC。根据这一条件,垄断者决定好生产数量,它将把消费者为那个数量所愿意支付的最高价格作为市场价格。具体来说,垄断者根据需求曲线,在需求曲线上找出对应于利润最大化产量的价格。具体如图7-10所示。

垄断厂商先生产利润最大化的产量Q,直到MR=MC。然后,从需求曲线上找出这个产量所对应的价格P。

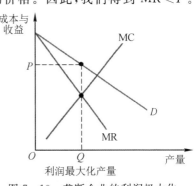

图7-10 垄断企业的利润极大化

垄断者的利润最大化生产会给其带来丰厚的垄断利润。如图 7-11 所示。

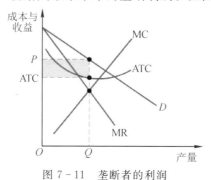

图 7-11 垄断者的利润

垄断者生产最大化产量 Q，收取价格 P。此时，P 是高于平均总成本（ATC）的，表明垄断厂商有正的经济利润。具体为 $(P-\text{ATC})Q$，即图 7-11 中阴影部分的面积。前面提到，垄断行业进入有壁垒，所以垄断厂商会在长期一直获得这一部分的超额经济利润，不会因为有其他厂商进入而分享这一部分的利润。

在竞争市场中，我们根据边际成本和停业点推导出了竞争性厂商的供给曲线。一个竞争性企业把价格作为给定，有一条供给曲线，表示出它的产量如何取决于价格。相对于竞争性企业，一个垄断企业是一个"价格制定者"，而不是"价格接受者"，即它的产量并不取决于价格，而是产量与价格由 MC、MR 与需求曲线共同决定。所谓函数关系，指的是自变量与因变量的一对一或多对一的映射关系。这里垄断厂商的 P 和 Q 并不存在相应的对应关系，且 P 和 Q 都由其他因素（MR、MC 和需求曲线）共同决定，其他因素的任何改变都会导致 P 和 Q 的改变。因此，垄断者没有供给曲线。

7.2.2 垄断造成的福利损失

在完全竞争市场均衡的时候，$P=\text{MC}$，并且总社会剩余达到最大化。而在垄断均衡时，$P>\text{MR}=\text{MC}$，即买者对额外一单位产出的评价（P）大于生产额外一单位产出的资源的成本（MC）。在此阶段，多生产产品并卖出是可以增加总体福利的。但因为垄断，垄断厂商为了自己的私利，生产过少的产品。如果此时产量增加的话，社会总剩余也会增加。因此，垄断会导致社会福利的无谓损失（deadweight loss）。如图 7-12 所示。

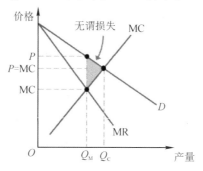

图 7-12 垄断的福利代价

图 7-12 中，竞争性均衡时产量为 Q_C，价格 $P=\text{MC}$，即需求曲线与 MC 曲线相交点的数

量和价格。在这一点上,社会总剩余最大。垄断性均衡时的产量为 Q_M,此时价格 $P>MC$。三角形阴影部分的面积为社会的无谓净损失。大部分人都知道垄断改变了经济果实的分配,即通过定更高的价格,垄断者得到更多的剩余,消费者得到更少的剩余。我们这里强调的是,垄断不但会改变分配,还会降低整个经济果实的规模,即通过生产少于社会有效率的产量而导致净损失。

从另一个方面解释,当垄断者收取高于边际成本的价格时,一些潜在的消费者对物品的评价高于其边际成本,但低于垄断者的价格。这些消费者不会购买商品,因为这些消费者对商品的评价大于生产这些商品的成本,表明垄断定价使一些对双方有益的交易无法进行,所以这个结果是无效率的。

7.2.3 价格歧视

社会中的歧视是指根据人们的一些特征而进行区别对待,比如种族或性别。垄断厂商凭借其市场势力具有充分的定价权,从利润最大化出发,有时它们不会对所有商品制定同一种价格,而以不同价格向不同顾客出售同一种物品,这种经营做法被称为价格歧视。在价格歧视中所依据的特征是支付意愿,一个企业能对具有更高支付意愿的买者收取一个更高的价格,从而来增加利润。

我们先比较一下完全价格歧视(也叫一级价格歧视)与单一价格垄断的异同。请参见图 7-13。

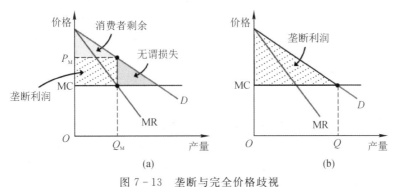

图 7-13 垄断与完全价格歧视

图 7-13(a)描述的是单一价格垄断,为了简化分析,这里假设边际成本不变。垄断者对所有的买者收取相同的价格(P_M),消费者剩余相比完全竞争时受到很大损失,垄断厂商赚取垄断利润,结果是社会福利产生无谓损失。

图 7-13(b)描述的是完全(一级)价格歧视的情形。假设一个小镇上有一个小诊所,诊所里的医生对每个小镇居民的健康状况和支付意愿都非常了解。所以凭借这样的信息,医生对给每个居民提供的每单位医疗服务都收取居民愿意支付的最高价格。这里没有水平的价格曲线,所谓的"价格线"正是需求曲线。在每一个数量 Q,需求曲线的高度表明边际购买者的支付意愿,这也是在完全价格歧视下垄断者向买者收取的价格。为了最大化利润,作为垄断者的医生生产了竞争市场的产量($P=MC$ 时的产量),但收取的价格是居民的支付意愿,这被称作完全价格歧视。阴影部分代表着垄断者的利润,垄断者以利润的形式获得了所有的消费者剩余,却没有无谓损失。

在现实中,以上小镇医生这样的完全价格歧视不可能出现,因为没有企业知道所有买者的支付意愿,买者也不会把它告诉卖者。因此,企业会根据一些它们所观察到的特征,把消费者分为若干群体,像支付意愿有关的特征,比如年龄。我们来举几个价格歧视的例子。

(1)电影院对老年人、学生以及可以在工作日下午看电影的人们实行折扣,因为他们的支付意愿要低于那些在周末晚上买全价电影票看电影的人们。通过这样的差别定价,电影院能赚取比单一定价更高的利润。

(2)航空公司对在两个城市间往返,但周六在对方城市住一晚上的旅客收取低价格,这样可以帮助航空公司把商务旅行者(通常有更高的支付意愿,不愿意周六停留一晚)从高价格弹性的旅游乘客中区分出来。

(3)许多公司在报纸、杂志或网上提供折扣券,比如肯德基。部分买者愿意剪下折扣券,以便宜的价格购买商品。为什么公司不愿直接降价呢?原因在于有时间收集折扣券的人们,通常收入和支付意愿都比较低。通过折扣券,公司可以实行价格歧视。

(4)低收入家庭对他们子女大学教育的支付意愿也较低,学校通过价格歧视可以给低收入家庭提供补助。学校的行为本质上和价格歧视的垄断者的行为类似。

上面提到的价格歧视定义为三级价格歧视,即针对不同的顾客征收不同的价格。有时垄断者会对购买不同数量的顾客征收不同的价格,这被称作二级价格歧视。买者的支付意愿一般会随着数量增加而下降,因此企业对购买量大的买者收取的平均价格要低于购买量小的买者,即有批发价和零售价的差别。例如,电影院对一小罐爆米花定价4元,而对差不多是它两倍大的一罐爆米花却只定价5元。在这个例子里,厂商并不是对不同顾客征收不同的价格,而是基于同一顾客对额外一单位商品的递减的支付意愿来收取不同的价格。

7.2.4 对垄断的管制

前面我们已经提到,垄断者凭借自己的市场势力,制定高于边际成本的价格,提供少于社会有效率的商品数量,造成社会福利的净损失。因此,政府会对垄断进行管制和干预。

作为较早干预垄断市场的国家之一,美国主要采取反托拉斯法来增强竞争,比如,禁止一些反竞争性的行为,如不允许两家市场主要的厂商进行合并。反托拉斯法允许政府打破垄断,比如,美国政府依法拆分 AT&T 公司。美国主要的反垄断的法律有《谢尔曼反托拉斯法》(1890 年)和《克莱顿反托拉斯法》(1914 年)。除了反托拉斯法之外,美国政府还会直接干预垄断价格。

如图 7-14 所示,对于自然垄断,我们可以看出,在任一产量上,MC<ATC,因此边际成本定价($P=MC$)会导致损失。如果是这样,作为管制者的政府可以补贴垄断者或把价格定为 $P=ATC$,来使垄断者赚到零利润。

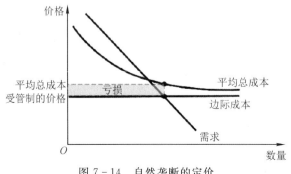

图 7-14 自然垄断的定价

除了以上两种办法,政府还可以通过公有制的方法来管制垄断,即把垄断企业国有化,由政府经营,如美国的邮政服务。但这样做的问题是,公有制因为激励机制的不完善,通常是无效率的,因为企业没有利润激励去降低成本。

以上每一项意图管制垄断的政策都有缺点,因此有经济学家认为最好的政策是没有政策,管制政策产生的"政治失灵"的危害远远大于垄断导致的"市场失灵"的危害。

7.3 垄断性竞争

在前面的两节中,我们学习了竞争的两个极端:完全竞争(许多企业,相同的产品)和垄断(一家企业)。在这两个极端之间,存在着不完全竞争的市场,其中包括寡头(只有几个提供相似或相同产品的卖者)和垄断竞争(存在许多出售相似但不相同产品的企业)。本节将集中讲述垄断竞争这一市场结构。

7.3.1 垄断竞争厂商的利润极大化

垄断竞争市场的主要特征是具有许多卖者,每家卖的产品不同,企业可以自由进入或退出市场。这样的例子很多,比如在本章前面提到的西安回民街等。事实上,世界上大部分市场都具有垄断性竞争市场的主要特征。

那么,垄断竞争企业在短期的最优化行为是怎样的呢?图 7-15 描述了短期中垄断竞争企业的最优化选择。

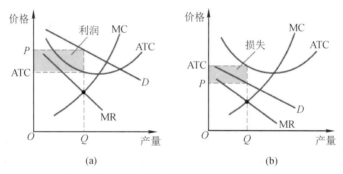

图 7-15 垄断竞争企业短期的盈利与亏损

可以看到,垄断竞争厂商的产出、价格、盈利或亏损的图形与垄断厂商是非常类似的。因为产品差异化使得提供的产品并不能被完全替代,所以每个垄断竞争企业面临向下倾斜的需求曲线,可能这一需求曲线会比垄断厂商面临的需求曲线更平坦一些,因为垄断竞争企业面临其他售卖类似产品的厂商的竞争。

在图 7-15(a)中,在每个 Q,MR<P。为了利润最大化,企业生产产品直到 MR=MC,然后再使用需求曲线来设定 P。这里的 P 是大于 ATC 的,阴影部分的面积就是企业的短期经济利润。

在图 7-15(b)中,对这个企业而言,在 MR = MC 时生产,此时 P< ATC。这个企业短期是有亏损的,阴影部分就是损失的部分。当然,这个企业最好的对策是减少损失。

从长期看,因为在垄断竞争市场中,企业可以自由进出市场,这会使得市场上的企业的经济利润趋于零。如果市场上的企业短期内能盈利,新企业会进入市场。这会减少市场需求,导致价格下降,利润也减少。相反,如果市场上的企业短期内有损失,一些企业会退出市场,那些继续留在市场上的企业会面临更高的需求和价格,$P=\text{ATC}$ 和利润为 0。如图 7-16 所示。

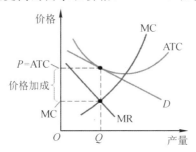

图 7-16 垄断竞争企业的长期均衡

垄断竞争厂商会选择 MC=MR 的产量,根据需求曲线选择价格 P。因为长期市场企业可以自由进出,所以最后的价格是使得需求曲线和 ATC 曲线相切的价格。在这一价格下,垄断竞争厂商的经济利润为 0,存在正的会计利润,各个要素的机会成本得到补偿。

我们可以注意到企业并没有在 $P=\text{MC}$ 处生产,即企业在边际成本上面有一个价格的加成,也没有在 ATC 的最小处生产,即最小化 ATC 的产出水平比垄断竞争厂商利润最大化的产量要更大。因此,垄断竞争厂商经营中存在过度产能(excess capacity)。

相对于完全竞争,垄断竞争的效率会更差一些。其主要原因在于:①生产能力过剩。垄断竞争企业在平均总成本曲线向右下方倾斜的那部分生产,这时的产量小于使平均总成本最小时的产量。而在完全竞争条件下,企业生产的产量是使平均总成本最小的产量。②存在高于边际成本的价格加成。在垄断竞争条件下,$P > \text{MC}$;在完全竞争条件下,$P = \text{MC}$。也正是因为有超过边际成本的价格加成,垄断竞争下的市场产量将会小于社会最优的产量。

综上,垄断竞争市场并不具有完全竞争市场所具有的全部合意的福利特点。因为 $P > \text{MC}$,故垄断竞争市场的产量小于使社会有效率的产量。然而,政策制定者解决这个问题很困难。这一问题与前面提到的自然垄断管制的问题类似,在自然垄断下,ATC 总是下降的,所以 MC 在 ATC 之下,如果管制者强制自然垄断在边际成本处定价,会给厂商带来亏损。同样,长期均衡下的垄断竞争企业已经获得零利润了,如果政府规定 $P = \text{MC}$ 定价的话,企业会产生亏损,最终退出市场。因此,政府不能要求垄断竞争企业降低价格。

事实上,垄断竞争与社会福利的关系是比较复杂的。在垄断竞争市场,企业的数量可能并不是理想的数量,这是因为存在与新企业进入市场相关的外部性:一方面,产品多样化具有正外部性,消费者从新产品的引进中得到了消费者剩余;另一方面,抢走已有业务具有负外部性,企业因新竞争者进入市场而遭受损失。这两方面各自的大小很难估计,而且因各个行业的特色而不同。所以,垄断竞争的无效率是模糊的,并且难以衡量。政策制定者没有简单易行的方法来改善市场结果。现实中,各国政府都没有采取措施来管制垄断竞争市场。

迄今为止,我们学习了完全竞争、垄断与垄断竞争,下面比较一下这三个市场结构的主要特征,如表 7-2、表 7-3 所示。

表 7-2 完全竞争与垄断竞争的比较

对比项	完全竞争	垄断竞争
卖者的数量	许多	许多
自由进入/退出市场	是	是
长期经济利润	零利润	零利润
企业售出的产品	完全相同	不同
企业有市场势力吗?	没有,价格接受者	有
企业面临的需求曲线	水平	向右下方倾斜

表 7-3 垄断与垄断竞争的比较

对比项	垄断	垄断竞争
卖者的数量	一个	许多
自由进入/退出市场	不是	是
长期经济利润	正利润	零利润
企业有市场势力吗?	有	有
企业面临的需求曲线	向右下方倾斜（市场需求）	向右下方倾斜
相近的替代品	没有	许多

对于完全竞争和垄断竞争市场,因为企业可自由进出市场而导致其长期利润为零。垄断竞争厂商所卖商品至少与其他厂商的商品有一些不同,这会使得其拥有一定的市场势力和定价权。垄断竞争企业面对的需求曲线是向下倾斜的,因为它有一点市场势力,且售卖一种独特的商品。

对于垄断竞争市场而言,企业自由进入和退出市场使得其长期利润降为零。相反,企业进入市场的障碍防止垄断者的利润降为零。一个垄断者售卖的商品没有接近的替代品,相反,垄断竞争的厂商售卖的商品有很多相近的替代品,这使得垄断者商品的需求相对于垄断竞争者商品的需求更加缺乏弹性。

7.3.2 关于广告

在现代商品经济生活中,各种媒介的广告铺天盖地,报纸、杂志、电视、网络、地铁、户外等各种地方都充斥着各种各样商品的广告。广告是垄断竞争市场(以及某些寡占市场)的显著特征。在垄断竞争行业,产品的差异与加成定价导致了广告的使用。一般来说,产品之间的差别越大,企业在广告上的花费就越多。经济学家关于广告的社会价值有不同的意见。

广告的批评者认为,首先,社会花钱在广告上是浪费资源。因为广告只起到宣传作用,这部分钱并没有用来提高商品或服务的品质。其次,广告会影响人们的品位。许多广告是心理性的,而不是信息性的。比如,电视广告中,帅哥靓妹一边吃火锅,一边喝×××（某饮料）。广告词是"怕上火喝×××"。这就给人一种强加的偏好,创造出一种本来不存在的需求。最后,广告抑制了竞争。它制造了一种错觉,使消费者认为产品之间的区别要大于它们实际上所具有的区别,这样便可以有更高的价格加成。比如各种矿泉水的广告,可能各种水的品质差距并没有广告所显示的那么大,但是广告有意地夸大差异,从而导致矿泉水的价格差距较大。

广告的辩护者认为,一方面,广告向买者提供了有用的信息。广告向潜在顾客提供商品品质、价格、特色、购买渠道等方面的信息,有助于消费者更好地搜索商品,减少交易成本。另一方面,广告使得到信息的买者能更容易地找到和发现价格之间的不同,因此广告促进了竞争,并减少了市场势力。

经济学家李·本海姆(Lee Benham)在1972年发表于《法律经济学杂志》(*The Journal of Law and Economics*)的论文"广告对眼镜价格的作用"(The Effect of Advertising on the Price of Eyeglasses)中检验了美国有些州禁止做眼镜和验光服务的广告的效果。研究发现,禁止眼镜生产者做广告的州的眼镜价格要高于那些不限制做广告的州的眼镜价格。由此证实,广告促进了竞争,并成功地使消费者得到的价格更低。

还有一种看法,在不考虑广告内容的情况下,如果一个企业愿意花很多钱去做广告,这可能是对消费者发出它产品质量的信号。广告可能促使买者尝试去买一次产品,但人们只会重复购买高质量的产品。只有让人们成为重复购买一种物品的买者,价格昂贵的广告才是值得的。当消费者看到价格昂贵的广告,他们会认为这种产品肯定很好,否则公司不会花这么多钱去做广告。由此,广告成为在企业和消费者信息不对称条件下的一种产品质量的信号,起到了积极的作用。

◆ 7.4 寡占

在现实中,如果消费者想给新买的手机办理移动通信业务,他们很有可能选择的不是中国联通就是中国移动的通信服务。如果汽车车主想去加油,他们所碰到的很有可能是中石油、中石化或是中海油的加油站。在移动通信行业或是石油行业中,只有几家大的厂商提供产品,这样的市场结构,不同于完全竞争、垄断和垄断竞争市场。

如何判断市场处于什么竞争程度的结构中呢?经济学用市场集中度来衡量,比如,用市场上最大的四家企业供应的产量占市场总产量的百分比来衡量。一般来说,集中度越高,市场竞争越少。本节我们主要关注寡头,这是一种集中度高的市场结构。例如,表7-4是美国一些行业的集中度,从表中可见,这些商品的市场都具有集中度过高的特征。经济学上把只有少数几个卖者提供相似或相同产品的市场结构称为寡占(寡头垄断)市场。因为市场上只有少数几家厂商提供相似的产品,所以它们之间会产生所谓策略性的行为,即一个企业关于价格与产量的决策会影响其他企业,并使其他企业做出反应。因此,该企业在做决策时,需要将这些反应考虑在内。

数学家和经济学家发展了一套学问来研究类似策略互动的问题,具体探讨在某种策略情况下人们的行为模式。这种理论叫作博弈论。在完全竞争和垄断竞争市场中,有非常多的厂商进行竞争,每个厂商的市场势力小到不足以考虑其他厂商的决策对自己决策的影响。同时,在完全垄断市场,只有一家厂商提供没有替代品的商品,垄断者没有竞争对手,无所谓策略性行为。因此,博弈论主要用来分析寡占市场上的策略性行为。

表 7-4 美国部分行业集中度

行业	集中度
视频游戏机	100%
网球	100%
信用卡	99%
电池	94%
软饮料	93%
网络搜索	92%
谷类早餐	92%
烟草	89%
贺卡	88%
啤酒	85%
移动电话服务	82%
汽车	79%

7.4.1 寡占厂商的利润最大化行为

我们先举一个小镇移动电话服务双头寡占的例子。假设小镇有 140 个居民,居民需要购买没有时间限制的移动电话服务和免费手机。小镇上只有两家企业 T-Mobile(德国电信)和 Verizon(威瑞森)提供这一服务,每个企业的固定成本为 0 元,边际成本为 10 元。寡占厂商的基本数据如表 7-5 所示。

表 7-5 寡占厂商的基本数据

P/(元/单位)	Q/单位	收益/元	成本/元	利润/元
0	140	0	1400	−1400
10	120	1200	1200	0
15	110	1650	1100	550
20	100	2000	1000	1000
25	90	2250	900	1350
30	80	2400	800	1600
35	70	2450	700	1750
40	60	2400	600	1800
45	50	2250	500	1750

竞争结果:
$P=\mathrm{MC}=10$ 元
$Q=120$ 元
利润$=0$ 元

垄断结果:
$P=40$ 元
$Q=60$ 元
利润$=1800$ 元

表 7-5 显示了整个通信市场的价格、产量、收益、成本和利润。在讨论可能的双占竞争之前,我们先回顾一下完全竞争性和垄断性的市场结果。

在完全竞争时,价格等于边际成本,为 10 元/单位。此时,市场需求等于 120 单位,两家厂商平分这一份额,经济利润为 0 元。这和我们以前学习的完全竞争市场的结论一致。

在完全垄断时，一个企业将生产所有产量，经济利润将被最大化。在例子中，根据给定的需求曲线，企业产量为 60 单位，厂商将把价格定为 40 元/单位。事实上，我们还可以验证在垄断时，边际收益等于边际成本。我们可以估计产量在 60 单位时的边际收益，假设产量由 50 单位升到 70 单位，收益变动为 200 元，产量变动为 20 元/单位，故边际收益近似为 200/20 元 = 10 元，等于边际成本。

我们再讨论双占的问题，例子中只有两家厂商提供服务，双占的一个可能的结果是相互勾结。所谓勾结，是指一个市场上的企业之间就生产的产量会收取的价格达成的协议。假设 T-Mobile 和 Verizon 达成协议，各自生产垄断产量的一半。那么，每个企业的产量就为 30 单位，市场价格为 40 元/单位，每家的利润为 900 元。以上勾结起来的团体，经济学上称作是卡特尔。

但是，如果 T-Mobile 违反协定生产 40 单位的产量，市场价格会发生什么变化？它的利润会增加吗？它会对违反协定感兴趣吗？如果两家企业都违反协定，都生产 40 单位，每家企业的利润会是多少呢？

我们来计算一下。参考前面的表格，如果 T-Mobile 违反协定生产 40 单位，市场产量变为 70 单位，根据需求曲线价格为 35 元/单位。T-Mobile 的利润为 40×(35−10)元 = 1000 元，与勾结时候相比，违反协定给 T-Mobile 带来了更高的利润。同时，Verizon 也会做出同样的推断，它也会有违反协定的动机。因此两个企业都会违反协定，分别生产 40 单位的产量，市场产量为 80 单位，价格为 30 元/单位，每个企业的利润为 40×(30−10)元 = 800 元。这时两家企业的利润小于勾结（遵守协定）的利润。以上的结果反映出，如果两家企业都遵守协定，大家都会更好，获得比竞争时更高的利润。但是，每家企业完全从自身的利益出发，都具有违反协定的激励。因此，对于寡占市场中的企业而言，形成卡特尔并遵守协定是困难的。

如果每个企业生产 40 单位，市场产量是 80 单位，价格为 30 元/单位，每个企业的利润是 800 元。那么，T-Mobile 把产出增加到 50 单位，是否符合它的利益？Verizon 把产出增加到 50 单位，是否符合它的利益？

我们计算一下，如果 T-Mobile 增加产出到 50 单位，市场产量是 90 单位，价格为 25 元/单位，它的利润为 50×(25−10)元 = 750 元。所以，T-Mobile 在产量 40 单位时的利润要高于产量为 50 单位时的利润。同理，Verizon 也是如此。通过计算可知，如果 Verizon 生产 40 单位，T-Mobile 最好的办法是生产 40 单位；如果 T-Mobile 生产 40 单位，Verizon 最好的办法也是生产 40 单位。这样，我们就说这两家企业处于纳什均衡之中。纳什均衡是经济学和博弈论的一个基本概念，是指相互作用的经济主体在假定所有其他主体所选策略为既定的情况下选择自己最优策略的状态。

我们可以从上面的计算结果中得到一些结论：当寡占企业单独地选择利润最大化的产量时，它们生产的产量大于垄断市场但小于竞争市场的产量水平；寡占价格低于垄断价格，但高于竞争价格。移动通信服务的双占例子也证明了非合作寡占竞争的结果，介于完全垄断和竞争的结果之间。

现在假设寡头并没有形成卡特尔，每家厂商增加产出对企业的利润有两种影响：①产量效应。即如果价格高于平均成本，售出更多的产出会增加利润。②价格效应。即提高产量会增加市场产量，这会降低价格并减少每一单位售出产品的利润。如果产量效应大于价格效应，则企业应该增加产出。如果价格效应大于产量效应，企业应该减少产出。随着市场上企业数量的增加,价格效应会变得越来越小,寡占市场会越来越像竞争市场,P 也越来越接近 MC,市场产量也越来越接近社会有效率的产量。

我们再举一个例子。假设美国、德国和日本各有两个汽车生产商,美国是福特和通用,德国是宝马和大众,日本是本田和丰田。如果没有汽车市场国际贸易的话,每个国家的市场都是双占市场。如果有国际贸易的话,每个国家就有六个汽车厂商进行竞争,这会把价格拉向边际成本,把汽车产量推向社会最有效率的产出水平。所以,国际贸易的一个好处是增加了竞争企业的数量,增加了产量,使价格更接近边际成本,进而增进了贸易双方的社会福利。

7.4.2 博弈论

上面的内容中提到了纳什均衡,纳什均衡是博弈论中一个基本的概念。博弈论是分析寡占行为的主要工具。在这里,我们主要介绍一下博弈论的一些其他基本概念。

博弈论可以帮助我们理解寡占市场及其参与者之间相互作用并按策略行为的情形。广而言之,在博弈论中,参与者可以是个人、厂商、国家或其他实体单位。一个博弈是参与者互动的一种情形。一个策略是一个参与者选择的决策或决策计划,参与者决策时,会考虑其他参与者的行为和可能行为。

我们介绍的博弈论中第一个概念是占优策略。占优策略是指无论其他参与者选择什么策略,对一个参与者都为最优的策略。第二个概念是囚徒困境。囚徒困境是指两个被捕的囚徒之间的一种特殊"博弈",说明为什么甚至在合作对双方有利时,保持合作也是困难的。

下面举一个囚徒困境的例子。假如警察抓住了两个抢劫银行的犯罪嫌疑人邦尼和克莱德,但只有足够的证据让两人在监狱里度过 1 年。警察分别审问了邦尼和克莱德,并向他们每个人提出以下的交易:

如果你承认银行抢劫案,并供出合伙者,你就可以得到自由。如果你不承认银行抢劫案,但你的合伙者供出了你,你将被判处 20 年的监禁。如果你们两个都承认银行抢劫案,那你们两个都将被判处 8 年的监禁。由此,他们的选择可以总结在以下的支付矩阵里(见图 7-17)。

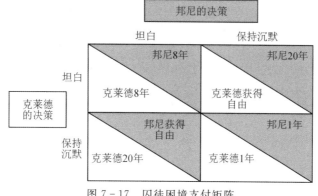

图 7-17 囚徒困境支付矩阵

可以看出:①如果克莱德坦白,那么邦尼如果坦白,获刑 8 年,如果不坦白,则获刑 20 年。②如果克莱德保持沉默,那么邦尼如果坦白,则被释放,如果不坦白则获刑 1 年。我们可以看出,不管克莱德的决策是什么,邦尼的最优行动是坦白。因此,坦白是邦尼的占优策略。同样,如果邦尼坦白,克莱德坦白的话获刑 8 年,如果不坦白的话获刑 20 年。如果邦尼保持沉默,克莱德坦白则被释放，不坦白则获刑1年。所以，不管邦尼做任何决策，克莱德的最优行动是坦白。这样两个参与者都把坦白作为自己的占优策略。结果邦尼和克莱德两人都坦白，都得到8年的刑期。如果两人都保持沉默，他们将更好（都获刑1年）。甚至他们在被捕之前就已经对保持沉默达成协议，但自利的逻辑仍会起主导作用，并使他们坦白。这就是囚徒困境，表明了个人理性导致集体不理性，合作对二人都好，但合作却是如此之难。

当寡占企业想形成一个卡特尔来达到垄断市场的结果时，它们便会成为囚徒困境中的参与者。在前文7.4.1节的例子中，T-Mobile和Verizon是小镇移动通信服务的双寡头，卡特尔结果能最大化利润，每个企业都同意为消费者生产30单位的产量，下面是这个例子的支付矩阵（见图7-18）。

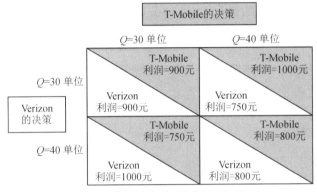

图7-18 囚徒困境中的T-Mobile与Verizon

根据类似的分析，我们可以看出，不管对方是什么策略，两家厂商的占优策略都是违反协定，生产40单位。尽管互相合作，遵守协定，维持卡特尔会带来更大的利润，但合作却是如此之难。所以，这也是囚徒困境的例子。

现实中，囚徒困境的例子比比皆是。比如：①两家相互竞争的企业花巨资在电视广告上，希望抢夺对方的生意。但由于广告的作用相互抵消，导致两家企业的利润会因为投放广告的成本而下降。事实上，1971年，当美国国会禁止在电视上打香烟广告的时候，香烟生产商的利润反而上升了。这表明原先香烟生产商都陷在一个每家都花巨资打广告的纳什均衡之中，禁止香烟广告实际上迫使厂商转向没有在电视上打广告的合作性结局。②石油输出国、组织成员国之间试图像卡特尔一样行动，通过控制石油产量来增加价格和利润。然而，个别国家有时会违反协定，从而使卡特尔不成功。③在军事超级大国之间的军备竞赛中，如果两个国家都裁军，彼此都会更好。但是，每个国家的占优策略都是加强军备。④如果大家都保护公共资源，所有人的状况都会变好。但是，每个人的占优策略却是过度使用资源。

囚徒困境与社会福利是什么关系呢？对于非合作寡占均衡而言，均衡对寡占企业来说不好，阻止了它们获得垄断利润，但对社会而言却是好的，纳什均衡使得产量更接近于社会有效率产量，价格更接近于边际成本。在其他囚徒困境的例子中，不能合作可能会降低社会福利水平。比如在刚才军备竞赛博弈之中，如果超级大国之间能签订裁军协议，对双方而言都是更好的选择，但自利的逻辑使得每个国家都武装到牙齿。结果是两国都变得更差，一方面核战毁灭地球的风险增加，另一方面用于军备竞赛的资源可以用于其他增进福利的地方。

我们再举一个例子，某国总统大选就是一个囚徒困境的博弈。有两个总统候选人，即H

与 T。如果 T 对 H 进行一个负面的广告攻击,选 T 的选民会减少,比如 3000 个,这其中 1000 个选民会转而投票给 H,其他的选民弃权。如果 T 对 H 进行一个负面的广告攻击,H 会损失 3000 张选票,T 得到其中的 1000 张选票,其他的选民弃权。两个候选人都同意停止选举的攻击广告,他们会遵守协定吗?

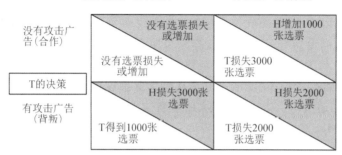

图 7-19 负面竞选广告支付矩阵

先考虑 H 的决策。不管 T 合作或是有攻击性的广告,H 发布攻击性的广告对她来说是更好的。如果 T 合作,H 发布攻击性广告会得到额外 1000 张选票,T 少了 3000 张选票。如果 T 背叛,H 发布攻击性的广告会比合作丢失更少的选票。所以,发布攻击性的广告对 H 来说就是占优策略。支付是对称的,所以背叛(发布攻击性广告)也是 T 的占优策略。这个博弈的纳什均衡也就是双方都背叛,都发布攻击性的广告。这就是某国总统大选总是充斥着进攻性广告的原因。

在本例中,最后攻击性的广告对竞选结果的影响基本没有,因为两个竞选人损失的选民数量相互抵消。但这对该国社会产生了一种负面的影响,国民会有这样的印象:H 和 T 都很烂。这样会导致投票人数减少,使选民对政治更不关心,也使选民对候选官员的行为更不在意。

以上因徒困境的例子都说明了参与者之间的合作十分困难,双方都有背叛的动机。那什么时候因徒会走出困境,开始合作呢?经济学家研究发现,如果只博弈一次,合作是很难维持的。但当博弈重复很多次时,合作就成为可能,比如以下一种所谓"触发策略"就可以引发合作。博弈的参与者都声称,如果对手在一个回合中违反协定,则自己将在接下来的所有回合中违反协定。在双占例子中,双方都声称会维持垄断产量 30 单位,但对方一旦背叛协定,则自己永远都会选择惩罚产量 40 单位。这样一来,双方都意识到,背叛只能带来一次的高利润,且未来利润将永远固定于低水平之上。只要参与者都关心未来的利润,那么他们会放弃背叛带来的一次性好处,而选择长期的合作。

另外一种引发合作的策略是政治学家罗伯特·阿克塞尔罗德(Robert Axelrod)通过计算机模拟发现的所谓"针锋相对"的策略。该策略有一种"以牙还牙"的思想,即不管对手在这个回合中做什么(违反协定或者合作),自己在接下来的回合中做同样的事情。这样的策略在计算机模拟的竞赛中最终胜出,成为引发合作的最好的策略。

7.4.3 政府对寡占的管制

我们在前面已经提到,在寡头市场中,相对于社会最优结果,产量太少而价格太高。政策制定者的角色是促进竞争,使寡头市场结果更接近于社会有效率的结果。美国有一系列的法律来管制寡占,维护消费者的利益,比如1890年颁布的《谢尔曼反托拉斯法》,主要禁止市场中的竞争者之间相互勾结;1914年颁布的《克莱顿反托拉斯法》,主要保护个人被企业的反竞争措施所损害的权利。

事实上,经济学家关于反托拉斯政策存在争论。大部分经济学家同意竞争者之间固定价格的协议是违法的,但一些经济学家认为政策制定者走得太远,比如用反托拉斯法来禁止某些并不一定有害的商业行为,这可能是有合法的目标。

我们接下来以1998年微软反垄断的案例来说明争论的焦点。认定微软存在垄断的一方认为,微软把IE浏览器与Windows操作系统捆绑销售,市场势力扩大,阻止了其他厂商的进入。反对的一方认为,正如汽车里有空调和音响一样,把新功能融入老产品是技术发展的必然,并没有垄断含义。支持论断的一方又从市场集中度的角度来说,认为个人电脑(PC)中用Windows的比例超过80%,形成了巨大的垄断能力。反对的一方则认为,微软时刻受着外来威胁(Linux和Mac系统)的挑战,且Windows售价只有PC价格的3%。正、反两方展开了激烈的辩论。2000年6月,微软被判定分拆,后又被驳回。2002年11月,法院判定微软必须承诺提供含有及不含IE浏览器的不同版本供消费者选择;取消捆绑Windows和Media Player,并给竞争对手开放一些源代码。

相较于美国,中国反垄断法颁布的时间就晚了很多。中国自2008年8月1日起施行反垄断法,其中几个大的案例包括:可口可乐并购汇源被禁,电信和联通两通信业巨头遭调查,三星等六大国际面板制造商被罚,等等。

目前经济学研究的一个热点是IT(信息技术)行业的反垄断问题,比如在美国,很多经济学家认为Google(谷歌)、YouTube(优兔)、Facebook(脸书)、Amazon(亚马逊)等企业异常庞大,占据了绝对的市场份额,应该被列于反垄断之列,但也有很多不同意见。在中国也存在这样的问题,像BAT(百度、阿里巴巴和腾讯)也是潜在的垄断厂商。如何对新经济下的IT巨头进行监管,是一个崭新的经济学课题。

7.4.4 我国对平台经济的反垄断监管

大数据、云计算及人工智能等信息技术的兴起和发展,改变了现代企业的组织运营范式和技术创新模式,以数据为中心的互联网平台企业,如阿里巴巴、腾讯、京东、美团、滴滴等构建起了新型的经济组织和商业模式。互联网平台的发展犹如一把双刃剑。一方面,互联网平台经济优化了资源配置,推动了经济发展,也给人们的生活提供了便利;另一方面,伴随互联网平台的扩张,一些平台企业利用自身的市场势力和信息不对称开展"大数据杀熟"、"自我优待"、强制"二选一"、滥用市场地位等垄断行为,严重破坏市场竞争秩序,损害消费者合法权益。

2020年12月,中央经济工作会议提出要强化反垄断和防止资本无序扩张。2021年2月7日,《国务院反垄断委员会关于平台经济领域的反垄断指南》发布。同年,市场监督总局先后对阿里巴巴和美团实施"二选一"垄断行为立案调查,并分别以处罚182.28亿元和34.42亿元告终。2021年10月,国家市场监管总局发布了《互联网平台分类分级指南(征求意见稿)》,在科学界定平台类别、合理划分平台等级、推动平台企业落实主体责任等方面迈出了坚实的步伐。

2022年6月24日,第十三届全国人民代表大会常务委员会第三十五次会议作出《关于修改《中华人民共和国反垄断法》的决定》,首次对现行反垄断法进行修改,并于2022年8月1日起正式实施。修正后的反垄断法从垄断协议、滥用市场支配地位、经营者集中三个方面对经营者的行为提出了新的要求。其中新增关于限制平台垄断的条款有第九条和第二十二条第二款:

第九条　经营者不得利用数据和算法、技术、资本优势以及平台规则等从事本法禁止的垄断行为。

第二十二条第二款:

具有市场支配地位的经营者不得利用数据和算法、技术以及平台规则等从事前款规定的滥用市场支配地位的行为。

国家市场监管总局2024年5月6日对外发布《网络反不正当竞争暂行规定》,自2024年9月1日起施行。该规定以促进平台经济发展为目标,坚持问题导向,聚焦解决平台经济领域的不正当竞争问题,护航数字经济持续健康发展。

当今社会,数字平台具有网络性和自然垄断的性质,"赢者通吃"的竞争模式必然会导致巨型网络平台企业的形成,一旦形成平台经济垄断,消费者的选择就会被锁定。依据本章的相关内容,如果厂商具有强大的垄断势力,则会排斥市场竞争,制定远高于竞争性市场的价格,从而损害消费者剩余,并给社会带来福利净损失。因此,我国政府提出遏制网络平台垄断势力的相关举措,具有坚实的经济学基础和现实必要性。

思考与练习

1. 马安是一个在完全竞争下的西安辣子酱行业的生产者。2024年,马安和他所有的竞争者都发现自己赚得了经济利润。

(1)如果厂商可以自由进入和退出辣子酱行业,请你预测一下长期内该行业厂商的数目会发生什么变化。

(2)依据在第(1)问中的厂商进入或退出的状况,请你预测一下整个辣子酱行业的供给会发生什么样的变化。

(3)作为在第(2)问中描述的供给变化的结果,请你预测一下市场价格会发生什么样的变化。

(4)作为第(3)问中显示的价格变化的结果,马安将如何调整他的产出?

2. 假设在繁忙的十字路口的一家加油站周围有许多竞争对手,它们均出售相同的汽油。试画出这家加油站面对的需求曲线,并画出其边际成本曲线和平均成本曲线。请解释这种情况下的利润最大化选择。现在假设这家加油站提供一种新的汽油添加剂"速迈",并开始进行广告宣传:"汽油中加速迈,飞速又稳定。"其他加油站都不提供这种添加剂。试画出在这家加油站进行了广告宣传之后所面对的需求曲线。请解释这种情况下的利润最大化选择,并用适当的图形加以说明。

3. 考虑一个垄断者,它面临的线性需求曲线为 $P=24-Q$,其中,P 为垄断者收取的价格,Q 为消费者购买的数量。垄断者的边际收益为 $MR=24-2Q$。垄断者生产这种商品的平均成本和边际成本恒定,为6美元。

(1)证明垄断者的利润最大化价格为每单位15美元。

(2)假定政府对垄断者征收每单位 T 美元的税收。因此,垄断者的边际成本现在为 $6+T$ 美元。证明垄断者会把一半的税收转嫁给顾客,也就是说利润最大化价格现在为每单位 $15+$

T/2 美元。

4. 假定你是一个垄断者,你有两个顾客,即张三和李四。每个顾客要么购买一单位你生产的商品,要么不购买。张三最多愿意为你的产品支付 50 元,李四最多愿意支付 20 元。你生产这种商品的平均成本和边际成本恒定为 5 元。请问:

(1)如果你不能实施价格歧视,你将收取什么价格?你将赚取多少利润?

(2)如果你可以实施价格歧视,你将收取什么价格?你将赚取多少利润?简单起见,假设消费者在购买和不购买之间无差异时将会购买。

5. 香烟公司一般认为它们做广告是为了吸引已经吸烟的人而不是说服更多的人开始吸烟。假定市场上只有两家香烟公司:甲公司和乙公司。每家公司可以选择做或不做广告,如果都不做广告,每家公司获得 50% 的市场,各赚取 1000 万元。如果都做广告,它们也是平分市场,但是扣除广告费 200 万元外,每家公司只赚取 800 万元。如果只有一家公司做广告,那么做广告的公司就吸引了许多竞争对手的顾客。结果是做广告的公司赚取 1200 万元,不做广告的公司只赚取 600 万元。

(1)证明做广告是一个占优策略。

(2)假定政府提议禁止香烟广告。如果广告不能说服不吸烟的人吸烟,这两家公司应该支持还是反对这一禁令呢?

6. 考察两家寡占厂商,每家厂商都在高产量水平与低产量水平之间进行选择。给定它们关于产量的选择,它们的利润如表 7-6 所示。

表 7-6 两家寡占厂商的利润

厂商	产量	厂商 A	
		高产量	低产量
厂商 B	高产量	A 获得利润 200 万美元,B 获得利润 200 万美元	A 获得利润 100 万美元,B 获得利润 500 万美元
	低产量	A 获得利润 500 万美元,B 获得利润 100 万美元	A 获得利润 400 万美元,B 获得利润 400 万美元

请解释为什么厂商 B 认为,不管厂商 A 选择什么产量,它选择高产量是有道理的。而且,为什么厂商 A 认为,不管厂商 B 选择什么产量,它选择高产量都是有道理的。在这种情况下,为什么串谋对这两家厂商都有好处?但是,这很难达到。在这个博弈中,占优策略是什么?纳什均衡是什么?

7. 请画出竞争企业短期亏损的示意图,并用阴影标出亏损部分。

8. 机票战争博弈。参与者:美国航空公司与联合航空公司。选择:机票降价 50% 或者不变。如果两家航空公司都降价,每家航空公司的利润为 4 亿元,如果两家航空公司都不降价,每家航空公司的利润为 6 亿元,如果只有一家航空公司降价,那它的利润为 8 亿元,另外一家航空公司的利润为 2 亿元。请画出支付矩阵,并找到占优策略和纳什均衡。

9. 目前为止,我们学习了四种市场结构:完全竞争、垄断、垄断性竞争和寡占。在这四种市场结构中,你想企业花钱为它们的产品做广告吗?为什么?

10. 从社会的角度来说,广告是好事还是坏事?试着想出至少一个正、反面。

第8章

公共物品和外部性问题

外部性和公共物品是构成市场失灵的两个最主要的原因。本章将以生活中常见的环境问题为例,介绍外部性和公共物品的基本概念,并分析其导致市场失灵的原因及具体的治理策略。本章内容安排如下:第一部分将从经济效率引申出环境问题,第二部分将介绍公共物品和外部性,第三部分介绍矫正市场失灵的政策工具。

◆ 8.1 经济效率与环境问题

首先介绍环境污染问题所涉及的分析框架。

人们在生产和消费过程中,往往不可避免会产生副产品。发电厂在发电的同时,会排放废气带来空气污染;饮料厂在生产饮料的同时,也会排放污水带来水污染。空气污染和水污染会影响周边居民的健康,也会提高其他企业的生产成本。如饮料厂的排污行为会影响下游的水质量,也会减少下游的渔业产量。

为了减少污染,污染企业可以投资于污染防治设备,如饮料厂修建污水处理装置,或增加劳动力投入,如电厂增加人手提升清洁防尘器的清洗频次,也可以通过减少产量降低污染水平,但这些均会增加污染企业的成本。污染防治的成本会随着减排水平的增加而增加。具体见图8-1。

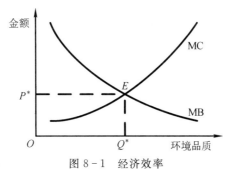

图8-1 经济效率

图8-1中横轴表示环境品质,纵轴为金额,即污染防治的投入。MC(marginal costs)为污染防治的边际成本。一般来讲,在开始减排时,减排难度较低,但随着减排量增加,环境改善需要更复杂的技术,提高环境品质的边际成本递增。

MB(marginal benefits)为环境改善的边际收益。环境品质改善(污染防治)的效益代表人们健康的改善、农业生产力的增加,或旅游业收入的增加等。随着环境品质改善,开始时,收益增加很快,但到后来,增加的速度变缓,防治的边际收益逐渐递减。

经济学研究的是如何用稀少的资源满足无穷的欲望。改善环境需要投入资源,放弃这些资源的其他用途,带来了机会成本。经济学家观察环境问题,如果本着经济效率原则,需要权衡污染防治的成本和收益,计算怎样的水平是"合算的"。观察图 8-1,最适宜的环境品质标准(减排水平)是 Q^* 点而不是零排放。在这一点,MC=MB,污染防治的边际收益等于边际成本,总效益最大。在这一点左侧,污染防治的边际收益大于边际成本,继续减排可以增加社会福利。Q^* 点右边相反。

8.2 公共物品和外部性

8.2.1 公共物品

市场机制无法对物品进行有效配置,一个重要原因是某些物品具备公共物品的特征。纯粹的公共物品(public goods),其特征是每个人消费这种物品不会导致别人对该物品的消费减少。在市场经济中,许多物品是私人物品,这些物品在消费时具有竞争性(non-rivalry),在同一时点,一个特定消费者消费了这一物品,其他消费者就无法消费该物品。当你吃掉一个汉堡,其他人就无法吃这个汉堡。然而,公共物品却不具有消费的竞争性。也就是说,某一消费者消费了一单位该物品,其他人仍可以消费同一单位该物品。公园的美景就是这样的例子,你享受公园的美景,并不影响其他人同时享受公园的美景。同样,空气也是如此,你呼吸空气,并不影响其他人同时呼吸。公共物品和私人物品是两个极端情形,多数物品位于这两极之间。

公共物品具有两个特征,一是"消费的非竞争性",二是"非排他性"。"消费的非竞争性"是指同一单位公共物品被一个人消费的同时并没有减少别人对这一物品的消费。其原因在于,在增加一个消费者时,提供的边际成本等于零。

"非排他性"是公共物品的第二个特征。如果将一种物品提供给某些人,要将另一些人排除使其不能从中受益是不可能的,或这样做成本很高,这个物品就具有非排他性(non-exclusivity)。

市场机制通过价格配置资源,消费者支付合理价格才能消费。如果没有排他性,就意味着某些人不付钱也可以消费,这些人被称为"搭便车者",或坐享其成者(free-rider),即不付成本而坐享他人之利。当排他性不存在时,人人都有动机坐享他人之利,而不愿付费,市场机制失灵,会使这些物品供给不足。例如,老楼加装电梯就面临这样的难题,加装电梯需要所有住户分摊成本,且数额巨大,如果从技术上无法排除不付费者乘坐电梯,那么,住户会有"搭便车"的动机,使得付费的激励不足,从而影响电梯的供给。

对于排他性,需要从两个方面来观察,一是经济层面,有些物品可以排他,但是排他成本太高,如给面积十分广大的城市公园设置围墙,其成本可能超过限制进入的收益,就不具有排他性。二是技术层面,有些商品,在传统技术条件下不具有排他性,如过去的电视信号,很难将部分人排除在消费之外,但是新的技术,如小米盒子等,使得排他性在经济上可行。技术进步也使得过去不具排他性特性的物品可以将部分人排除在外,如人脸识别、智能技术等可以将不付费的人排除在外,减少了"搭便车"行为。

对于非竞争性和非排他性两个特征,界定公共物品的主要特征是非竞争性。

社会对公共物品的需求是垂直加总的,萨缪尔森称之为"假设的需求曲线"。以路灯为例,如果某一胡同内只住两户人,张三和李四。胡同内没有路灯,且路面不平,容易摔倒。假设设置路灯的成本为15元,张三避免摔倒的收益是10元,李四是5元。单个人无法设置路灯,如果张三和李四共同设置路灯,可达到经济效率。当然,前提是张三和李四都认同设路灯的好处,且同意分摊成本。

对公共物品路灯的需求,是张三的需求(D_1)和李四的需求(D_2)的垂直加总(D)。为了简化,假设路灯的供给曲线为S,则有效率的水平是供给曲线和需求曲线的交点E,$D=S$。

公共物品具有非竞争性,一方的消费行为没有施加机会成本给其他人。那么,假如增加的消费没有增加与使用相关的机会成本,则增加商品提供的价格应该等于零。在市场中,谁愿意提供这种产品?不少公共物品由公共部门提供。

假如公共物品由政府供给,其中最有效的方法是向张三和李四收取与其边际效益等量的费用,即张三为10元,李四为5元,这种收费方式被称为林达尔税(Lindahl tax)。每个人真实的边际收益汇总为社会总收益,从而根据供给线得到社会总的均衡水平E。但是,萨缪尔森称这种垂直加总的需求曲线D为"假设的需求曲线"。在实际生活中,个人有隐藏或低报他对一定数量公共物品的愿付价格的动机,对于公共物品,如果询问每个人的真实收益,推导社会总需求量,从而难以达到E点,加上非排他性导致的搭便车现象,使得公共物品有效供给不足,带来市场失灵。

8.2.2 外部性

外部性(externality)是造成市场失灵的另一个重要原因。当一方A的生产或消费活动对另一方B的生产或消费活动产生了影响,且A的这种行为是非故意的、未对B进行补偿(或接受补偿),外部性影响就产生了。

外部性要满足两个条件,一是当某个人(B)的效用函数$U_B(X_B,Y_B,Z_A)$或某企业的生产函数$X(K_X,L_X,Z_A)$包含了一个变量(Z_A),该变量由他人(A)决定,而非自己。并且A并不是故意的,外部性就产生了。

例如,电厂A发电,会带来副产品(空气污染),影响周边居民的健康(居民B的效用函数),增加周边洗衣房的生产成本(洗衣房B的生产函数),空气污染只是发电的副产品,电厂并不是故意产生这些负向影响。

外部性影响也可能是正的。例如,当你和一个卫生习惯良好的同学同室而居,他每天打扫房间卫生,给你带来正向效益。其打扫卫生是其习惯使然,并不是刻意为之。

外部性的另一个条件是没有补偿。当电厂引起空气污染,影响周边居民健康,并没有补偿周边居民,或者你的室友天天清洁卫生,并没有向你收费。在没有补偿的情况下,外部性才存在。

1. 正外部性和负外部性

对于外部性,有不同的分类方式。首先可以分为正外部性和负外部性。当一方的生产或消费活动给另一方造成的是无补偿的生产或消费成本,就带来了负外部性,如空气污染。某些生产和消费活动可能在没有接受补偿支付的前提下,将大量的收益带给了另一方,则产生了正外部性。教育就是正外部性的典型例子,教育有很强的外部效益,会带来社会道德、秩序的改善等,使社会所有人受益。网络、共享经济体也具有外部性效益。

可以用图 8-2 说明正外部性和负外部性。在图 8-2(a)中,对于电厂来说,横轴为发电量,假设发电量和污染排放成正比(由于技术效果,发电量和污染排放不一定成正比),则发电越多,污染越多;纵轴为金额;需求曲线为 D;电厂发电需要资本、劳动等投入,电厂的发电成本表示为边际私人成本曲线 MPC(marginal private costs)。由于发电有外部性,每生产一单位电,除了造成电厂的私人成本外,还会带来社会外部影响(对周边居民、洗衣房的负向影响),即 MEC(marginal external costs)。从全社会来看,发电的总成本包括企业私人成本和社会外部成本两部分,合起来,就是 MSC(marginal social costs)。从全社会的角度来看,适宜的发电水平为 Q^*,但是,由于电厂只考虑其自身成本(MPC),不考虑对社会的外部损害(MEC),电厂私人决策的产量为 Q,与 Q^* 相比,Q 过多了。由于我们假设发电量 Q 和空气污染排放正比,则说明排放也过度了。

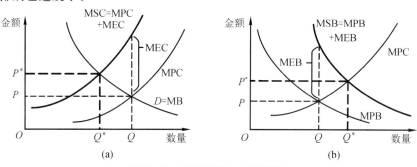

图 8-2 负外部性和正外部性

考虑正外部性,如长江中上游的自然保育工作。长江中上游农户从事自然保育工作,会改善环境,给自身带来健康改善、农业产出增加、旅游收入增加等收益,也会给下游带来防洪、水质改善等诸多外部性溢出效益。如图 8-2(b),横轴为自然保育的投入量,纵轴为金额。自己植树种草,可以改善环境,享受青山绿水,自然保育的私人边际收益为 MPB(marginal private benefits)。中上游的自然保育工作会带来下游洪涝灾害减少等巨大收益,外部收益为 MEB (marginal external benefits),社会总收益包括 MPB 和 MEB 两部分,即 MSB(marginal social benefits)。中上游农户自然保育会付出成本,自然保育的成本为中上游农户的边际私人成本 MPC。长江中上游农户会根据自身的私人边际成本和边际收益决定,自然保育的投入量为 Q 点。但是,从全社会来看,适宜的保育水平在 Q^* 点,保育活动过少。

从以上分析可以看出,对于全社会来说,外部性没有内部化,负外部性行为往往提供过度,而正外部性行为往往提供不足,造成市场失灵。

2. 公共外部性和私人外部性

外部性的另一种分类是公共外部性和私人外部性。许多外部性都带有公共物品特征(即具有共享性)。例如,环境对周边居民健康的影响具有共享性。我享受青山绿水,你也可以同样享受,这也是公共外部性的例子。前文说过,公共物品具有有效激励不足的问题。改善环境质量是可共享的行为,假如一个人通过努力改善了空气质量,在没有排他性的倾向下,别人也同时会因为他的行为获益,这样,他从事改善环境的活动会激励不足。

有一些外部性带有私人物品特性,如固体垃圾,当生活垃圾堆放在住户 A 的门口时,对于住户 B 的影响就小一些。A 和 B 对于这一生活垃圾具有消费的竞争性。鲍默尔曾经给出过一个私人外部性的例子。一般来说,酸雨具有公共外部性特征,但是,如果有两户人,院子相邻,一户人为了减少酸雨的影响,在自家院子上搭了一个雨篷,这样,每降酸雨,都会有更多的酸雨流到邻居的院子,两户人则存在消费的竞争性,这就成为私人外部性问题。

外部性造成市场失灵。对于外部效益,人们的行为有一部分利益不能归自己享受,提供公益活动的激励不足,公益减少。对于外部成本,人们的行为有一部分成本不必自己负担,导致公害活动过度。从政策层面考虑,要矫正市场失灵,就要使外部成本内部化、外部收益内部化。对于外部收益内部化,就要本着对施益者补偿原则进行矫正;对于外部成本内部化,就要实施损害者付费原则。

经济学家庇古指出,通过税收调整相对价格,消除由污染损害造成的私人价格与社会有效价格之间的差别,使得私人价格接近社会价格,从而矫正负外部性。还是举图 8-2(a)的例子,若政府按照 MEC 征税,当征收的税率等于社会边际损失 MEC 时,即庇古税,私人边际成本与社会边际成本实现一致,则电厂的成本变为 MSC,产量就会由 Q 变为 Q^*,社会也就重新恢复到经济效率水平,矫正了外部性。

对于负外部性问题,科斯提出了另一个方案。举例说明:假设音乐家和哲学家比邻而居,音乐家是长号演奏者,很享受练习长号;哲学家需要安静的环境,不喜欢长号的声音。音乐家练习长号会增加其自身效用,但是会对哲学家带来负向影响。

我们考虑音乐家练习长号的外部影响。如图 8-3,横轴为音乐家练习长号的时间,纵轴为金额。音乐家练习长号,自身的边际收益为 MB,但随着时间推移,音乐家边际收益递减。由于哲学家喜静,因此音乐家练习会对哲学家产生边际损害 MEC,音乐家练习时间越长,哲学家越难以忍受,因此,对哲学家造成的边际损害递增。

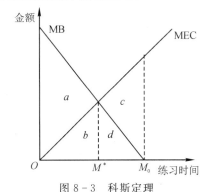

图 8-3 科斯定理

在没有任何管制情形下,音乐家自身不会无限期练习下去,因为当练习时间达到 M_0 时,音乐家的边际收益 MB 为 0,此时,增加练习不会再带来正向收益,不会再继续练习下去。同时,练习长号会对哲学家造成损害,随着练习时间增加,哲学家越难以忍受,损害增加。总体来看,经济效率点应该在 M^*,此时,练习的边际收益等于边际外部成本,MB=MEC,社会总净收益最大。在无管制情形下,如果让音乐家决策,其练习时间会达到 M_0,远远大于经济上合宜的练习时间 M^*。

当练习时间超过 M^* 时,由于音乐家增加一单位练习时间,对哲学家造成的损害 MEC 大于给音乐家带来的收益,因此,哲学家就有意向通过补偿音乐家以使其减少练习时间。M^* 的左侧则相反。在无管制情形下,音乐家和哲学家之间交易较难进行,是因为公寓没有规定是否允许练习长号,也就是没有界定产权,没有规定音乐家拥有练习的权利,还是哲学家拥有安静环境的权利。科斯指出,只要清楚界定产权,市场机制就会进行配置,可以促进音乐家和哲学家之间的交易,促使双方交易。两者交易的额度会沿着边际收益 MB 或边际损害线 MEC 进行。

科斯指出,产权不清晰是外部性产生的原因。在没有交易成本情形下,只要清楚界定产权,讨价还价和交易就会自发形成,会达到有效率的结果,这就是科斯定理。无论产权赋予音乐家还是哲学家,都能达到经济效率点。但是科斯强调经济效率原则,并没有考虑分配效果。产权赋予音乐家还是哲学家,会有不同的财富效果,如果哲学家有无噪音环境的权利,那么音乐家会补偿给哲学家。反之,哲学家会补偿音乐家。

8.2.3 公地的悲剧

完全的公共物品或完全的私人物品是两个极端,大多数物品位于两极之间,哈丁的文章《公地的悲剧》(The Tragedy of the Commons)针对开放性资源(open-access resources)进行了分析。从物品的竞争性和排他性来看,开放性资源具有竞争性,但是没有排他性特性。公海捕鱼就是这样的例子。哈丁的文章是讲没有产权设定时,对于开放性资源利用的悲剧性结果。以公海捕鱼为例,如图 8-4 所示,横轴是捕鱼努力量,可以用渔船的数目来代替,纵轴是金额。根据鱼类的生长规律,假设捕获量不影响鱼的市场价格,则渔业收入为产量和价格的乘积,为了简化问题,这里假设给定捕鱼的总收益为 TR,曲线呈倒 U 形,先升后降,随着渔船的增加,捕获量增加,可是超过既定点以后,会大于再生量,收获量会变小。观察捕鱼成本,渔船的数目越多,产出越多,总成本(total costs,TC)就越高,假设总成本为线性,如图 8-4 所示。

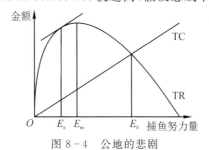

图 8-4 公地的悲剧

E_e 为边际收益等于边际成本的点,这一点达到净收益最大(净收益是总收益和总成本线之间的垂直距离)。E_0 点的总成本等于总收益,即平均成本等于平均收益。在没有限定产权的时候,捕鱼活动会达到 E_0 点(TC=TR)。超过这一点,增加一艘渔船不会带来正向收益。在该点左侧,会有利润,只要有一点点利润,就会有渔船进去捕鱼,最终使得大家利润都为零,到达 E_0 点。E_0 为开放性资源的均衡点(open access equilibrium)。E_e 是总成本的斜率等于总收益的斜率,即边际成本等于边际收益,是经济效率点。但对于公海捕鱼这样的开放性资源,很难达到 E_e。公海捕捞往往过量,E_0 大于 E_e。如果 E_0 位于鱼类繁殖的最小安全标准右侧,即超过最小安全标准,鱼类种群将不可逆地下降,即"竭泽而渔"。

如何管制呢?简单的办法是收税,增加渔船的成本,使其在 E_e 时利润就达到了 0。有些国家用总量管制(individual transferable quartos,IDQ),给捕鱼以配额,同样增加捕鱼成本,使捕鱼活动从 E_0 向 E_e 移动。

8.3 矫正市场失灵的政策工具

8.3.1 政府进行管制的政策目标

在实践层面,政府矫正市场失灵,往往不局限于经济效率单一目标。以环境治理为例,其管制目标除经济效率之外,还包括成本最小化、公平性、灵活性、可靠性、政策的长期效果等诸多维度。公平性指所选管制工具应具有收入和财富分配的影响;灵活性指当出现新信息、条件变化或目标改变时,管制工具能以低廉的成本迅速适应;可靠性则指多大程度上可以依靠该管制工具实现既定政策目标。公平性是政府决策的重要因素。例如,对于能源税的导入,由于低收入家庭能源消费支出占总支出的比重远远大于高收入家庭,征收能源税会产生收入分配的累退效果,更多地负向影响低收入家庭。因此,不少国家在引入能源税时,会同时给出一揽子缓解政策,例如对低收入家庭进行补贴等。

对于环境问题,往往很难精确估算政策的成本和收益,因此,成本最小化方案便成为筛选政策工具的重要标准。以污染防治为例,成本最小化原则就是以最低总成本实现污染削减任务,其必要条件是所有污染者的边际削减成本相等。

假设有 A 和 B 两个企业,社会减排目标是 Z,如何在两个污染企业间分配减排任务?如果依照最小成本化方案,就是说如何以全社会最小成本完成 Z 的减排任务?现实中遇到的情况是,A 和 B 两个企业减少相同单位排放的成本往往不同,如果让单位成本较低的污染者增加减排量,多承担减排任务,这样,同样完成 Z 的减排任务,全社会的污染减排成本将下降,直到两企业的边际减排成本相等。

假设 A、B 两个企业的减排成本函数不同,政府希望将某一特定污染物的排放从现有水平 90 单位下降到 50 单位(减排 40 个单位),如果厂商 A 目前的排放为 40 单位,B 为 50 单位,且两企业污染减排成本函数为:

$$C_A = 100 + 1.5 Z_A^2$$
$$C_B = 100 + 2.5 Z_B^2$$

其中,C_A 和 C_B 为 A、B 两企业减排成本,Z_A 和 Z_B 分别为两企业减排量。由于两个企业的减排成本不同,本着成本最小化原则,不会在两企业平均分配减排任务。从全社会来看,实现减排 40 个单位的任务,A 企业减排 25 单位,B 企业减排 15 单位,这时社会总减排成本为 1700 单位金额,达到最小。如果平均分配减排任务,每个企业减排 20 单位,则社会总减排成本为 1800 单位金额。

可以看出,以最低成本实现污染控制目标意味着所有承担污染削减责任的企业具有相等的边际削减成本。可以看出,最低减排成本方案往往不是在污染源之间平均分配治理责任。成本效率的原则要求,只要削减成本存在差异,削减成本相对较低的污染者就应该承担大部分削减责任。

8.3.2 污染管制工具

1. 命令和管制工具

最早期的污染管制工具是命令和管制工具(command and control)。管制者根据收集到的信息确定目标,并制定和执行切实步骤落实目标。命令和管制工具多种多样,可以针对企业生产的各个环节进行管制,如投入要素限制(如禁止使用氟利昂)、生产技术限制(如采用清洁煤技术)、排放量管制(如不可交易排放许可)、位置管制(如城市区位规划)等。

以不可交易排放许可为例。假设环保机构根据健康要求等计算出需要到达的社会总环境指标以及减排量,如二氧化硫排放总量,会对排放量设立许可证,并分配给各个地区或企业排放源。这种排放许可证是不可转让、不可交易的。如果污染者排放量超出许可范围,就会受到惩罚。建立这一体系,需要有严格的污染监测系统,以及处罚罚款等执法机构。

不可交易的排放许可给每个企业既定的排放许可量,企业内部可以确定实现减排目标的最小化成本方案,如企业可以选择通过劳动投入减排还是技术减排来实现减排目标。但是,由于企业减排目标既定,且许可证不允许进行交易,就缺乏使几个不同污染企业之间实现成本最小化减排的机制。

命令和管制类似于中央计划系统,政府所需要的信息量是巨大的,如果信息不完全,如不能清楚了解减排成本,就会产生无效率的结果,成本最小化方案难以达成。现实中,政府往往很难充分掌握这些信息。

如果管制机构想在既定时间确保完成某一减排任务,那么命令和管制工具就显示出其优势,对于剧毒污染物、核电厂的管理,就强调目标的确定性,采用命令和管制工具就具有现实意义,而价格等管制工具往往需要时间去逐渐逼近管制目标。

2. 市场激励工具

与命令和管制工具相比,市场激励工具(价格和数量管制)给企业更多灵活性和选择权,更有利于成本最小化方案的达成。市场化激励工具主要包括两类:价格管制和数量管制。价格管制工具的代表是庇古税,数量管制工具的代表是可交易的排放许可。

污染带来外部成本,但是在市场机制,污染企业不必承担。根据庇古的思路,将外部成本内部化可以矫正市场扭曲,这就是排放费。假设企业每排放一单位的污染物带来的外部损害为 MEC,那么,企业总成本既包括边际私人生产成本,也包括边际外部损害 MEC。如果假设一单位产量对应一单位排放量,将图 8-2(a)的横轴设定为排放量,那么,通过排放费机制,企业成本既包括 MPC,也包括 MEC,为社会边际成本 MSC,企业决策所对应的排放量就是社会最适宜排放量(Q^*)。

可交易的排放许可是基于科斯定理发展而来的。环境品质越来越稀缺,但是其机会成本难以在市场中体现,那么,可交易排放许可制度就创造出这样一个市场,使环境品质产生价值。

排污权交易是在污染物排放总量控制指标确定的条件下,利用市场机制,建立合法的污染物排放权利,即排污权,并允许这种权利像商品一样被买入和卖出,以此来进行污染物的排放控制,从而达到减少排放量、保护环境的目的。根据 1986 年海洋环境保护科学问题联合专家组(GESAMP)所下的定义,环境容量是指保证自然生态结构与正常功能的损害程度在可接受范围内,环境能够容纳的某种污染行为或污染行为速度的能力。

排污权交易首先要确定社会排放总量,进行总量控制,也就是确定一定区域环境质量目标,评估该地区环境容量,推算最大排放量。然后进行指标管理,建立管理台账,核算企业指标和配额,并建立交易市场,允许指标进行交易并进行监管,执行超排处罚。

设定既定的排放量,允许排放权交易,就创造了排放权市场,每一个排放权就有了价值。企业根据排放权的价格和自身边际减排成本权衡是否购买许可证,如果许可证的价格比减排成本低,企业将购买许可证。反之,亦然。当两个企业边际削减成本不同时,交易排放权可能对双方都有利,产生交易动机。交易结果是,如果在完全竞争市场,达到均衡的市场价格。直到所有企业边际减污成本相等时,交易结束。

命令管制工具和市场化激励工具都是事前管制工具,但是有些污染往往是随机的,未可预知的,如海上漏油事件、恶性土壤污染事件等,这时管制工具无法适用。管治者试图通过损害赔偿责任制度(liability rule)影响潜在污染者的行为(likelihood and magnitude of the accident)。其包括两类责任:严格责任(strict liability)和过失责任(negligence liability)。严格责任是指,一旦事故发生了,无论潜在污染者有没有过失,都必须支付赔偿。美国的《环境应对、赔偿和责任综合法》,又称为超级基金法案就采用严格责任制。在过失责任制下,潜在污染者有过错时,才进行赔偿。

1942年至1953年,美国胡克化学公司在纽约州拉夫运河中弃置了2.18万吨化学废物,运河填埋后,这一带成了一片广阔的土地,后随时间变迁,成了居民区。到20世纪70年代末,化学废物已渗入住宅地下室并形成毒气释放,急病突发。舆论压力下,美国国会在1980年通过了《环境应对、赔偿和责任综合法》,被称为"超级基金法"。这一法案最重要的条款之一,就是针对责任方建立"严格、连带和具有追溯力"的法律责任。这意味着,不论潜在责任方是否实际参与或造成了场地污染,也不论污染行为发生时是否合法,潜在责任方都必须对场地污染负责。这种机制通过事后赔偿促进潜在污染者采取事前预防措施。

思考与练习

1.两家企业减排成本如下:
$$MC_1 = 200Q_1$$
$$MC_2 = 100Q_2$$

Q_1和Q_2是两个企业的减排量,假设在没有环境管制的情形下,每家企业排放20单位污染物,如果现在政府准备实现减排21单位的目标,如何分配减排任务才能实现减排社会最小成本目标?

2.画图说明正外部性和负外部性如何造成市场失灵。

3.如果污染带来负外部性,那么我们的目标应该是使污染排放为零。

4.什么是严格责任制? 什么是过失责任制?

5.私人外部性和公共外部性的区别是什么? 举例说明。

6.风向污染具有公共负外部性特征还是私人负外部性特征?

7.2016年全国大学生数学建模竞赛题目是"小区开放对道路通行的影响"。支持者认为封闭式小区破坏了城市路网结构,小区开放后,通行能力自然会有提升。反对者指出,虽然可通行道路增多了,但小区周边主路进出小区的交叉路口的车辆也会增多,可能会影响主路的通行速度。谈谈你的看法。

8."公地的悲剧是公共产权带来的悲剧"这句话是否正确? 请举例说明。

9.比较数量管制和价格管制两种经济激励工具解决环境问题的异同。

10.为什么会出现"搭便车"现象?

11.试证明"以最低成本实现污染控制目标意味着所有承担污染削减责任的企业具有相等的边际削减成本"。

第 9 章

国民经济核算

宏观经济学研究社会总体经济行为,不能像微观经济学那样采用个量分析方法,而要采用总量分析方法,即需要对个量加总引出总量。本章关注经济学家和政策制定者最常用的几个衡量经济总量的经济统计数字,主要包括国内生产总值、消费者价格指数和通货膨胀率。

9.1 国民收入衡量

国内生产总值(GDP)是度量一国(或地区)总体经济活动最为广泛的常用指标。通过国内生产总值,我们可以了解一国的总收入及在产品和服务上的总支出。一国的 GDP 可以用产出法、支出法和收入法三种方法来衡量。三种方法从不同的角度衡量 GDP,与单一方法相比,分别运用这三种方法进行衡量更能反映经济结构的全貌。

这三种方法在测量经济活动时得到的结果是相同的。三种方法等价的原因是:在给定的时期内,生产者所生产的产品和服务的市场价值一定与消费者购买这些产品和服务所支付的货币额相等。因此产出法(衡量市场价值)与支出法(衡量花费)对经济活动的衡量总是相同的。另外,买方的支出一定等于卖方的收入,即支出法(衡量总支出)和收入法(衡量总收入)所得结果也一定相同。最后,由于产出价值和收入都与支出相等,三者一定相等。我们可以用公式表示三者关系:

$$总产出 = 总收入 = 总支出$$

9.1.1 生产法衡量 GDP

国内生产总值指既定时期内一国境内所生产的所有最终产品和服务的市场价值总额。我们可以通过分析该定义的各个关键要素来理解如何衡量 GDP。

1. 市场价值

市场价值指产品和服务在市场上出售的价格,反映了人们愿意为一种产品或服务支付多少。用市场价值来核算国民收入的主要原因是可以将不同产品和服务的产出用单一的衡量指标进行加总。例如,假设某经济体生产了 2 个苹果和 3 个梨子,如果将二者的数量相加得到产出为 5 是没有意义的,因为苹果和梨子的经济价值并不相等。但是如果每个苹果的价格为 5 元,每个梨子的价格为 4 元,GDP 可以计算为:10 元(2×5 元为苹果的市场价值)+ 12 元(3×4 元为梨子的市场价值)=22 元(苹果的市场价值和梨子的市场价值之和)。用市场价格作为相对经济价值的度量可以帮助我们考虑不同产品和服务在经济中的相对重要性。

但是用市场价值衡量 GDP 的一个问题是，有些产品和服务没有在市场中进行交易，因而没有市场价值。例如，家庭内部发生的家务劳动或家庭种植的供自己食用的蔬果因为无法得到报酬而被排除在 GDP 之外。另外，地下经济中的产品和服务或是出于逃税的目的或是因为非法性并没有进入正规市场，也没有被计入 GDP。由于难以对非市场产品和服务进行可靠测算，这些产品和服务在 GDP 的计算中只能被忽略了。

政府服务，如国防、公共教育和基础设施建设等，也没有在市场上出售，因此也没有市场价格。为解决这一问题，常用的处理方式是用政府提供产品和服务的成本对政府服务估值。比如国防对 GDP 的贡献等于政府提供国防的成本，公共教育对 GDP 的贡献等于教师的工资及建造新学校和购买新设备的成本。

2. 最终产品和服务

我们可以将产品和服务分为中间产品和服务以及最终产品和服务两类。中间产品和服务指同期生产的并在其他产品和服务的制造过程中被消耗光的产品和服务。例如，当年生产的面粉如果当年被烘焙店用来做面包而用完，这些面粉就是中间产品。最终产品和服务是相对于中间产品和服务的生产过程中的最终产物。比如上例中烘焙店做好并出售的面包就是最终产品。因为中间产品只是经济活动的一个步骤，我们只将最终产品和服务计入 GDP 内。

然而有时对中间和最终产品和服务的划分需要注意一些特殊情况的处理。比如，车床、工厂、办公楼、设备以及软件均属于资本品。虽然这一类产品可以用来生产其他产品，但是在其生产的当年往往不会被全部消耗掉。因此这类资本品不属于中间产品，而被归入最终产品类别并计入 GDP。另外一个特殊情况是对存货投资的处理。存货指公司的库存，包括原材料、半成品以及未售出的成品。存货投资为当年存货的增量。因为存货的增加往往意味着将来的生产能力的增加，我们将存货投资视为最终产品并计入 GDP。

3. 既定时期

因为我们使用 GDP 来衡量当前经济活动的总量，所以 GDP 仅包括当期生产的产品和服务，不包括之前购买或出售的产品和服务。比如，今年新生产的汽车的市场价值被计入当年 GDP，而二手车的销售价值不计入当年的 GDP，这是因为二手车的价值已经计入其生产年份的 GDP 内。然而，在今年二手车销售过程中产生的中介服务的价值因为实际是在当期发生的，因此也会被计入今年的 GDP。理论上，我们可以计算任何时间段内的 GDP，实际中，GDP 常以季度为周期进行核算，即一年核算四次。

4. 一国境内

计入 GDP 的产品和服务是从生产地域角度而不是生产者的公民身份角度界定的。为了充分理解 GDP 定义中"一国境内"的含义，我们可以比较两个衡量经济活动总量的指标——国民生产总值（GNP）和国内生产总值（GDP）。这两个指标的主要区别在于如何处理本国领土以外的资本和劳动所带来的产出。具体来说，GNP 指有本国生产要素所生产的最终产品和服务的市场价值，有可能是在一国领土范围以外生产的产出。而 GDP 指一国的地理范围内的生产价值，不论生产者是本国国民还是外国国民，只要产品和服务是在该国国内生产的，都计入该国 GDP。比如，美国玩具企业用美国资本和管理人员在中国生产创造出的那部分玩具的价值，应被计入美国的 GNP 和中国的 GDP 中，但不应被计入美国的 GDP 和中国的 GNP 中。

国民生产总值 GNP 和国内生产总值 GDP 的差额可以定义为国外净要素支付（NFP），衡量的是本国生产要素从国外获得的收入与本国对国外生产要素的支付之差。因此，GDP 和 GNP 之间的关系可以表示为：GDP＝GNP－NFP。

9.1.2　支出法衡量 GDP

考察 GDP 构成的另一个视角是国民收入账户的支出项。用支出法定义的国内生产总值指一国在既定时期内对所有最终产品和服务的总支出。根据支出主体的不同，我们可以将支出分为四大类：消费（C）、投资（I）、政府购买（G）以及净出口（NX）。而 GDP 就是这四类支出之和。根据支出法，GDP 可以被写作：$GDP = C + I + G + NX$。这个等式是一个恒等式，即由于变量定义方式而必然成立的等式。它被称为国民收入核算恒等式。

1. 消费

消费指本国家庭对本国和外国生产的最终产品和服务的支出。其包括三个子类别：非耐用品、耐用品和服务。非耐用品指使用时间较短的消费品，如食物和服装等。耐用品指使用时间较长的产品，如汽车、电冰箱等。服务指个体和企业为消费者所做的工作，如理发、教育、理财等。

2. 投资

投资由为未来使用而购买的产品构成。投资可以包括两个子类别：固定投资和存货投资。其中固定投资又可以细分为企业固定投资和家庭住房固定投资。企业固定投资指企业对建筑（如厂房、仓库和办公楼等）、设备（如机器和家具等）和软件的购买支出。家庭住房固定投资指建造新住宅和公寓的支出，其被视为资本品的原因是它们在较长的时期内为人们提供住房服务。存货投资是企业存货的增加。任何原因导致的存货增加都包含在投资当中，尤其是企业生产的未售出而转入存货的产品。存货投资相当于企业自己购买了自己生产的未出售的商品。这是为了保证国民收入账户上生产和支付的平衡。从定义上说，任何生产出来的东西或者被消费掉，或者被企业自己购买。

3. 政府购买

政府购买指中央和地方政府当期购买的本国和外国所生产的产品和服务。值得强调的是，并不是所有由政府支付的账单都属于政府购买。例如，政府购买并不包括转移支付。转移支付指政府的社会保障和医疗保险支付、失业保险、福利支付等。这是对已有收入的再分配，不用于交换当期产品和服务，因此不属于政府购买，也不是 GDP 的一部分。同理，政府用来支付其发行国债利息的部分也不属于政府购买。

4. 净出口

净出口是一国卖给其他国家（外国）的产品和服务的价值（即出口）减去外国卖给本国的产品和服务的价值（即进口）。如果出口大于进口，净出口为正；如果进口大于出口，净出口为负。净出口代表外国对本国产品和服务的净支出。

9.1.3　收入法衡量 GDP

收入法通过将各生产者取得的收入（包括利润和上缴的税收）加总来计算 GDP。国民收入由以下 8 种类型的收入组成。

(1)雇员报酬,指员工赚到的工资和福利津贴。

(2)所有者收入,指非公司形式的个体经营者的收入,包括劳动收入和资本收入两部分。

(3)租金收入,指个人将其拥有的土地、房屋或设备租借给他人所取得的收入。

(4)公司利润,指公司经营活动所获得的利润,等于公司在支付工资、租金和其他成本后剩下的部分。公司利润会用来支付税收并给股东分红,之后剩下的收益为留存收益,由公司持有。

(5)净利息,指个人从企业或国外获得的利息减去所支付的利息的差额。

(6)产品税和进口税,包括企业间接税如销售税和消费税、关税、家庭支付的住宅税和机动车执照税等。

(7)企业的当期转移支付,包括企业慈善捐赠和保险支付等。它是扣除对工资、税收和服务的支付外,由企业支付给个人、企业或境外人员的部分。

(8)政府企业的当期盈余,指政府所拥有企业所获得的利润,在政府企业遭受损失时,当期盈余可为负。

我们可以进一步将以上的国民收入分为私人部门收入和政府部门收入。私人部门收入也可称为个人可支配收入,衡量了私人部门可用于消费的收入。个人可支配收入等于私人部门从本国获得的收入(GDP)与从国外获得的收入(国外净要素支付 NFP)之和,加上政府部门对私人部门的支付(转移支付 TR 和政府债务的利息 INT),再减去私人部门支付给政府的税收(T)。用公式可以表示为:个人可支配收入=GDP+NFP+TR+INT−T。而 GDP 中不属于私人部门支配的部分则是政府部门的净收入,等于私人部门支付的税收(T)减去政府对私人部门的支付(转移支付 TR 和政府债务的利息支付 INT):净政府收入=$T-TR-INT$。

9.1.4　名义 GDP 和实际 GDP

上面讨论的 GDP 是按照当期市场价格度量的,可以将其称为名义 GDP。运用市场价值度量经济活动的优点是可以对不同类型的产品和服务进行加总。然而,在比较不同时点上的 GDP 时,使用名义量度量经济活动存在一定的缺点:如果包含在 GDP 之内的产品和服务的当期市场价值随时间变化而变化,我们就很难判断这种变化是由产出数量的变化引起的,还是由产品和服务的价格改变引起的,或者是这两种因素共同作用的结果。

因此可以将名义 GDP 的变化分解成两部分:由实物数量改变引起的变化和由价格改变引起的变化。我们将以当前市场价格计算的一个经济体内的最终产出的货币价值称为名义 GDP,或当期价格 GDP;将用基年价格测量的经济体最终产出的实物量的价值称为实际 GDP,或不变价格 GDP。二者的差别主要体现在实际 GDP 经过通货膨胀校正,排除掉了价格变化带来的影响。

实际 GDP 衡量了名义 GDP 变化中由实物量变化引起的部分,而名义 GDP 中价格变化的部分则可以用 GDP 平减指数来衡量。GDP 平减指数是一个价格指数,它衡量了 GDP 所包含产品和服务的一般价格水平,计算公式为:GDP 平减指数=100×名义 GDP/实际 GDP。它的含义是为得到实际 GDP 而必须从名义 GDP 中除以或缩减的数量。其中,GDP 平减指数在基年总是等于 100。

9.1.5　什么是好的 GDP

用 GDP 衡量一国经济活动的成果存在一些缺陷,因为 GDP 无法准确反映经济活动对社会福利的影响。首先,GDP 不能显示收入在社会中的分配情况。其次,地下经济活动由于未获得市场准入,难以被观察和衡量,因此其对福利的影响未能在 GDP 中体现。此外,家务劳动、闲暇时间以及政府提供的公共产品的价值也无法在 GDP 中准确反映。最后,GDP 不能反映经济增长带来的代价,如资源的过度消耗和环境破坏等,同时也难以衡量人们的生活质量。

在快增长与好增长之间进行抉择是一个无法回避的问题。快增长往往强调短期的经济利益,而好增长则注重长期的可持续发展和社会整体福利。当快增长与好增长存在冲突时,正确的理念是选择好增长,而不是一味追求快速增长。优质的增长模式不仅能够提升经济效益,还能兼顾社会公平和环境保护,真正实现可持续发展。例如,一些发达国家通过发展高科技产业和服务业,实现了经济的持续增长和结构优化,同时大幅减少了环境污染和资源消耗。

2005 年 8 月 15 日,时任中共浙江省委书记习近平在浙江省安吉县余村考察时首次提出"绿水青山就是金山银山"的理念,这揭示了经济发展与生态环境保护之间的关系,指出了实现两者协同发展的新路径。党的十八大以来,以习近平同志为核心的党中央将生态文明建设放在治国理政的重要位置,以"绿水青山就是金山银山"理念为引领,推动我国生态环境保护发生了历史性、转折性和全局性的变化。

当前,我国社会的主要矛盾已经转变为人民日益增长的美好生活需要和不平衡不充分的发展之间的矛盾。对美好生活的追求不仅包括物质生产力和经济效益的平衡发展、个人物质财富的增长,还包括对美丽和谐的居住环境和生活环境的期望。"绿水青山就是金山银山"理念强调经济发展与生态环境保护相互支撑、互相促进,倡导通过发展绿色经济、循环经济和低碳经济来优化产业结构,转变经济发展方式,推动经济持续发展,同时为人民创造更高品质的生活。

这一理念的实践,已经在多个方面取得了显著成效。例如,许多地方通过发展生态旅游、绿色农业和环保产业,既促进了当地经济发展,又保护了自然环境,实现了经济效益和生态效益的双赢。在这些地区,绿水青山不仅成为了当地居民的金山银山,也吸引了大量游客和投资者,为区域经济注入了新的活力。

在国际上,"绿水青山就是金山银山"理念也受到了广泛关注和认可。越来越多的国家开始重视生态环境保护,将其纳入国家发展战略,推动全球可持续发展。中国在推动全球生态文明建设中发挥了积极作用,通过与其他国家分享经验和技术,推动全球环境治理合作,促进全球绿色发展。

总之,用 GDP 衡量经济活动的成果虽然有其重要性,但其局限性也不容忽视。真正的经济发展不仅仅是追求 GDP 的增长,更应注重社会整体福利的提升和环境的可持续保护。通过践行"绿水青山就是金山银山"的理念,可以实现经济发展与生态环境保护的协调统一,为人民创造更美好的生活,也为全球可持续发展贡献中国智慧和中国方案。

◆ 9.2　生活成本衡量

对生活成本衡量的关键在于对价格的理解和衡量。我们用价格指数来表示价格的变化。

价格指数可以度量一组产品和服务相对于既定基年价格的平均价格水平。

9.2.1 消费者价格指数

最常用的价格指数是消费者价格指数(CPI)。消费者价格指数把许多产品和服务的价格变成衡量价格总体水平的单一指数,从而度量了消费品的平均价格。一般统计局会通过计算一个典型消费者所购买的一篮子产品和服务(其中包括食品、服装、房屋租赁及燃料等各种商品)的价格来对不同的产品进行加权。CPI是这一篮子产品和服务的当期价格相对于同一篮子产品和服务在某个基年的价格的比值。

例如,假如某个典型消费者每月购买4个比萨和10杯咖啡,2010年为基年,那这一篮子产品的CPI是:

$$该一篮子产品的消费者价格指数(CPI) = \frac{4 \times 现期比萨价格 + 10 \times 现期咖啡价格}{4 \times 2010年比萨价格 + 10 \times 2010年咖啡价格}$$

这个指数告诉我们,相对于2010年购买4个比萨和10杯咖啡的支出,现在购买同样的食物需要花费多少钱。

9.2.2 CPI和GDP平减指数

我们已经了解到GDP平减指数是价格的另一种衡量指标。GDP平减指数和CPI都为我们提供了经济体中价格总体水平变动的信息。用这两种方法衡量价格时,往往会获得相似的价格变动趋势。然而,两者之间存在着三个关键的差别。

1. 是否是消费品

GDP平减指数衡量包含在GDP中的所有产品和服务的价格,而CPI衡量的只是消费者购买的产品和服务的价格。因此,只有企业或政府购买的产品价格的变化只反映在GDP平减指数上,不反映在CPI上。

2. 进口品

GDP平减指数只包括国内生产的产品,因此进口品价格的变化不反映在GDP平减指数上。但是消费者会购买国外进口的产品和服务,因此进口品价格的变化会反映在CPI上。

3. 价格加总的方法

CPI是用固定的一篮子产品来计算的,这意味着它给不同产品的价格分配固定的权重。而GDP平减指数允许一篮子产品在GDP组成成分变动时随时间变动,因而给不同产品的价格分配变动的权重。因此,如果不同物品与劳务价格的变动量不同,我们对各种价格加权的方法对于整个通货膨胀率就是至关重要的。

9.2.3 CPI存在的问题

许多经济学家认为,由于多种原因,CPI可能会高估生活成本。

1. 替代偏差

由于CPI衡量固定一篮子产品的价格,它并不能反映消费者用相对价格下降的产品替代其他产品的能力。因此,在相对价格变化时,CPI会高估真实生活成本。

2. 新产品的出现

当某种新产品进入市场时，消费者会有更多的产品选择，这意味着消费者境况的改善和每一单位货币购买力的提高。然而，由于 CPI 衡量固定的一篮子产品的价格，它并不能反映新产品出现所带来的真实生活成本的下降。

3. 产品质量的变化

如果一种产品的质量逐年提高但其价格保持不变，这意味着每一单位货币的实际价值提高了，消费者境况得到了改善。但是由于质量的变化是难以衡量的，CPI 无法衡量由于产品质量变化对真实生活成本带来的影响。

9.2.4 通货膨胀率

通货膨胀率是每期价格指数增长的百分比。它的计算方法如下：

$$通货膨胀率 = \frac{\text{CPI}_t - \text{CPI}_{t-1}}{\text{CPI}_{t-1}} \times 100\%$$

该式表明从 $t-1$ 期到 t 期之间一般价格的增长率。如果 2010 年 CPI 从 100 上升到 171，通货膨胀率则为 71%。如果 2011 年，CPI 从前一年的 171 上升到 240，则通货膨胀率为 40%。

我们可以利用通货膨胀率来校正经济变量。

1. 比较不同时间货币的价值

例如，美国在 1964 年 12 月的最低小时工资为 1.15 美元，2007 年 12 月的最低小时工资为 5.85 美元，这是否意味着同样是拿最低工资的人，2007 年购买力相比 1964 年提高了呢？

要回答这个问题，我们需要将 1964 年的美元工资转化为 2007 年的美元。计算公式为：

$$2007 \text{ 年美元的数量} = 1964 \text{ 年美元的数量} \times \frac{2007 \text{ 年物价水平}}{1964 \text{ 年物价水平}}$$

我们可以用消费者价格指数来衡量物价水平，从而决定通货膨胀校正的大小。

如果 1964 年的物价指数为 31.3，而 2007 年的物价指数为 211.7，用上面式子计算可以发现按 2007 年美元计算的 1964 年的最低工资为每小时 7.78 美元。由此可以看出，由于通货膨胀的原因，同样是拿最低工资的人，2007 年购买力相比 1964 年反而下降了。

2. 校正名义变量

我们可以根据通货膨胀率的影响来校正名义经济变量。其中一个例子是校正名义利率。利率是借款人向贷款人承诺的收益率。名义利率是有息资产如存款或债务的货币价值的增长率。比如，如果 100 元人民币的 1 年贷款名义利率为 4%，这表示借款人承诺 1 年后偿还给贷款人 104 元人民币。然而，虽然名义利率反映了有息资产的名义价值的增长速度，但并未揭示该资产实际价值或购买力上的变化情况。也就是说，我们不确定在上例中 4% 的名义利率是否代表 4% 的购买力的增加。

为解决这一问题，我们可以利用通货膨胀率计算实际利率。实际利率指资产实际价值或购买力随时间变化的增长率。它可以写为：

$$实际利率 = 名义利率 - 通货膨胀率$$

根据该式，假如上面例子中通货膨胀率为 4%，则 100 元人民币的 1 年贷款实际利率为 0%，也就是说，贷款人 100 元资产的实际价值并没有改变，其购买力在年末与年初相比也并无变化。

思考与练习

1. 简要说明,在国民收入账户中,以下情况之间有什么不同:

(1)厂商为某经理购买轿车,与厂商支付给经理额外收入让其自己购买轿车有什么不同?

(2)小明决定购买一辆中国产轿车,与买一辆美国产轿车有什么不同?

2. GDP与GNP有什么区别?用于计算收入或产量哪一个更好呢?

3. 实际GDP的增加常常被解释为福利的增加,这种解释有什么问题吗?

4. 如果政府雇佣失业工人,这些工人曾经领取 x 元的失业救济金,现在他们作为政府雇员领取 x 元但不做任何工作,这一变化如何影响GDP?

5. GDP平减指数和CPI都可以计量价格水平,它们有什么相同点和不同点?

6. 假定GDP是6000亿元,个人可支配收入是5100亿元,政府预算赤字是200亿元,消费是3800亿元,外贸赤字是100亿元。试计算:

(1)储蓄 S 是多少?

(2)投资 I 是多少?

(3)政府支出是多少?

7. 如果一个企业用5台新机器替换5台报废的旧机器,这一行为会增加GDP吗,为什么?

8. 假定一个国家在一年的时间里CPI从2.1增加到2.3,利用这一情况计算当年的通货膨胀率。

9. 简要说明CPI为什么可能高估生活成本。

10. 假如小明有一项一年后归还的1000元的贷款。如果这笔贷款是按照名义利率支付说明的。当通货膨胀率高于该年内的预期通货膨胀率时,小明实际还款的金额有什么变化?如果这笔贷款是以实际利率说明的,又将会如何呢?

第10章

经济增长与制度政策

在初步了解宏观经济学最常用的几个衡量经济总量的经济变量之后,我们可以对宏观经济学相关问题进行更进一步的探索。从长期来看,可以认为宏观经济学最关键的问题是经济增长问题。世界上各个国家的生活水平存在着巨大差别,像美国这样的发达国家,其人均收入是一些发展中国家人均收入的十几倍。另外,即使在一个国家内,生活水平也可能随着时间的推移而发生巨大变化。我们如何解释这些差别和变化?富有的国家如何维持它们的高生活水平?落后的国家如何加快经济增长并加入发达国家行列?这些问题是宏观经济学中最重要的问题。我们在这一章中研究经济水平及其增长的长期决定因素。

◆ 10.1 经济增长

首先我们可以从表10-1中得到经济增长的一些数据。

表10-1 1960—2005年不同国家经济增长情况

国家	2005年人均GDP/美元	1960—2005年经济增长率
中国	6572	5.8%
新加坡	29921	5.4%
日本	30821	3.8%
西班牙	26125	3.2%
印度	3486	2.7%
以色列	25670	2.7%
美国	41854	2.2%
加拿大	32886	2.1%
哥伦比亚	7769	1.8%
新西兰	22511	1.4%
菲律宾	4920	1.4%
阿根廷	14421	1.0%
沙特阿拉伯	14729	0.8%
卢旺达	1333	0.3%
海地	1836	−1.2%

数据来源:世界银行。

事实1：各个国家在人均收入方面存在巨大的差异。例如，美国2005年的人均收入是中国人均收入的6倍多，是印度的12倍。

事实2：世界各国的经济增长率有很大差别。从表10-1可以看出，世界各国的经济增长率是不均衡的，日本的年均增长率为3.8%，不少的国家年均增长率则在1%以下，如卢旺达只有0.3%，海地的经济增长率甚至为负。

接下来，我们借助经济效应分析产生这些事实的原因。

10.1.1 索洛模型

为了解释经济增长，我们引入经济增长的动态分析，分析的基本框架是由诺贝尔经济学奖获得者索洛(Solow)于20世纪50年代发展出来的索洛模型，该模型主要说明了以下四个问题：

(1) 资本累积和经济增长是否存在关联性？
(2) 国民长期生活水平与储蓄率、人口增长率及技术进步率等基本要素的关系如何？
(3) 经济增长率在长期是否会趋于稳定、加速或停滞？
(4) 经济力量能否使落后国家在长期生活水平上最终赶上发达国家？

1. 模型的基本假设

(1) 劳动力和资本保持不变；
(2) 生产函数为新古典生产函数，即：

$$Y = F(K, L) \tag{10-1}$$

其中，Y 为产出，K 为资本投入，L 为劳动投入，生产率(技术进步)外生给定并隐含在函数 F 的形式中。

(3) 各个要素的边际产量大于0而且边际产量递减，即：

$$\frac{dF}{dK} > 0, \quad \frac{\partial^2 F}{\partial K^2} < 0 \tag{10-2}$$

$$\frac{dF}{dL} > 0, \quad \frac{\partial^2 F}{\partial L^2} < 0 \tag{10-3}$$

(4) 规模报酬不变，即生产函数满足一次齐次性，这可以表达为

$$\lambda Y = F(\lambda K, \lambda L) \tag{10-4}$$

因此，为了分析的方便，我们可以把模型中的变量都表示成相对于劳动力规模的人均量。λ 为 $1/L$，并用小写字母表示人均资本，如 $y = Y/L$ 代表人均产出，$k = K/L$ 代表人均资本，可以得到生产函数的人均形式：

$$y = F(k, 1) = f(k) \tag{10-5}$$

按照上面这些假设，生产函数的人均形式可用图10-1表示。

(5) 在索洛模型中，需求被分为消费和投资两个方面，即人均产出 y 被分为人均消费 c 和人均投资 i 两个部分：

$$y = c + i \tag{10-6}$$

而消费则取决于：

$$c = (1-s)y \tag{10-7}$$

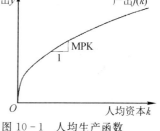

图10-1 人均生产函数

其中，s 表示该经济的储蓄率，且 $0 \leqslant s \leqslant 1$。这表明在该消费函数中，消费是与产出成比例的，即每单位收入中 $(1-s)$ 用于消费，s 用于储蓄。把式（10-7）代入式（10-6），则可得：

$$i = sy \tag{10-8}$$

这表明一个经济的投资等于储蓄。这同样表明投资是与产出成比例的，储蓄率 s 也是产出用于投资的比例。

2. 资本积累和稳态

在任何时刻，资本存量都是经济产出的关键决定因素，但资本存量可以随时间变动，从而引起经济增长。影响资本存量的两种要素是投资和折旧。投资指用于新工厂和设备的支出，它可以引起资本存量的增加。折旧指原有资本的磨损，它会引起资本存量的减少。

我们将式（10-5）代入式（10-8），则可得：

$$i = sf(k) \tag{10-9}$$

该式将资本存量和新资本的积累联系了起来，可以用图 10-2 表示投资。

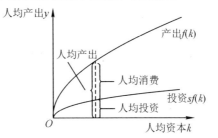

图 10-2　人均资本存量与投资

图 10-2 说明，对任何一个 k 值，产出量如何由生产函数决定，产出如何在消费和投资之间配置由储蓄率决定。

我们假设资本存量每年的折旧率是个常数 δ，图 10-3 表示折旧率是如何影响资本存量的。

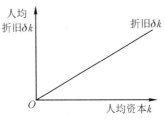

图 10-3　人均资本存量与折旧

我们将投资和折旧对资本存量的影响用式（10-10）表示：

$$\Delta k = i - \delta k \tag{10-10}$$

其中，Δk 表示人均资本的变化量。该式表明人均资本存量的变化等于人均投资 i 减去人均资本折旧。

我们将式（10-9）代入式（10-10），则式（10-10）可以转化为

$$\Delta k = sf(k) - \delta k \tag{10-11}$$

我们用图 10-4 表示式（10-11）为：

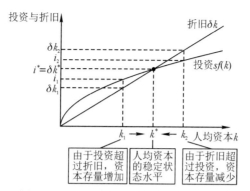

图 10-4 人均资本存量的稳定状态水平

从图 10-4 可以看出，资本存量越高，投资越大，同时折旧也越大，资本存量的变化 Δk 有可能大于0，也有可能小于0，这取决于在当前资本存量水平上投资和折旧的相对大小。从图 10-4 中可以看出，在折旧率固定和生产函数边际报酬递减这两个因素的共同作用下，一定存在唯一的点满足新增投资等于折旧，即 $\Delta k=0$，在此时，资本存量会保持稳定不变的水平，资本存量和产出随着时间的推移是稳定的，既不增加也不减少。因此，我们称这个资本存量水平为资本存量的"稳定状态"（steady-state），记为 k^*。

在索洛模型中，无论经济初始的资本水平如何，它最后总是会达到稳定状态的资本水平。即使经济由于某种意外的冲击，偏离了原来的稳定状态，它也能够恢复到稳定状态。这表明稳定状态代表了经济的长期均衡。

我们以资本存量 k_2 超过最优资本 k^* 为例说明这个问题。从图 10-4 中我们可以看出，在这种情况下，资本的折旧率就会大于新增投资，而这意味着 Δk 小于0，因此，随着时间的推移，本国的资本存量就会下降，直到 $sf(k^*)=\delta k^*$ 为止。而资本存量小于最优资本 k^* 时，资本变化的过程刚好和这相反。

3. 储蓄对增长的影响

接下来考虑当一个经济的储蓄率提高时所出现的情况。假设在一个经济体中储蓄率从 s_1 增加到 s_2，则在图 10-5 中表现为 $sf(k)$ 曲线往上移动，即 $sf(k)$ 曲线从 $s_1f(k)$ 变为 $s_2f(k)$。在这时候，稳定状态的 k^* 也发生变动，从 k_1^* 变为 k_2^*。

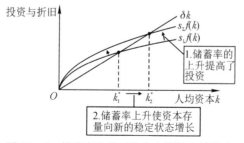

图 10-5 储蓄率上升对稳态人均资本的影响

这是因为，当储蓄率提高后，投资立即变得更高，但资本存量和折旧量仍然未变。因此，投资超过折旧，资本存量逐步增加，直至经济达到新的稳定状态为止。在新的稳定状态，资本存量和产出水平都高于原来的稳定状态。反之，当储蓄率下降时，就会出现相反方向的变化。即经济稳定状态下资本存量和产出水平等都下降。因此，在索洛模型中，储蓄率是稳定状态下资本存量关键性决定的因素。如果储蓄率较高（低），这一个经济体长期会有较高（低）的资本存量水平和较高（低）的产出水平。

但在这里要注意的是，储蓄率的高低不会影响长期经济增长的速度，因为无论储蓄率为多少，在长期，经济会处于稳定状态，经济增长率为零。但在短期，储蓄率的高低会影响经济的增长率，因为储蓄率的高低会影响现有资本和最优资本之间的距离，从而对短期经济增长的速度产生影响。

10.1.2 内生增长模型

索洛模型有一个很重要的缺点是将决定经济增长的因素，如折旧率、储蓄率、人口增长率和技术进步率等都作为外生变量。而从现实看，除折旧率外，储蓄率、人口增长率和技术进步率等都是由人类行为所决定的，也可以通过政策去影响，在不同的经济中，其水准很不相同。因此，经济增长理论的新的发展集中在将这些在索洛模型中被外生化的因素内生化，从而可以由模型的内部来决定经济的长期增长率，这些模型被称为内生经济增长模型。常见的内生增长模型包括 AK 模型、干中学模型、人力资本模型和研发（R&D）模型。

1. AK 模型

从索洛模型中可以看出，无技术进步的索罗模型不存在经济增长的主要原因是资本的边际产出递减。因此首先可以放松资本边际产出递减的假设。AK 模型的假设如下：

假设一：生产函数形式为 $Y=AK$。

其中，假设资本是唯一生产要素，生产率 A 是外生给定的，假设其为常数。因此资本的边际产出等于单位资本产出，也等于生产率 A。该模型中，无论资本量有多少，增加一单位资本生产 A 单位额外的产出，不存在资本边际收益递减。

假设二：索洛模型假设相同，投资为 sY，折旧为 δK。

根据上面假设，总体资本积累方程：$\Delta \delta K = i - \delta K$。稍做调整后得到：

$$\frac{\Delta Y}{Y} = \frac{\Delta K}{K} = sA - \delta \qquad (10-12)$$

式（10-12）表明决定产出增长率的因素。只要 $sA > \delta$，即使没有外生技术进步的假设，经济也会永远增长下去。与在索洛模型中储蓄只能导致暂时的经济增长不同，在这个模型中，储蓄和投资可以导致经济的持续增长。

那么假设资本边际生产率不变是否合理呢？我们可以对其做出以下两种解释。第一种解释强调人力资本的作用。人力资本包括个人所具备的知识和技能等。如果实物资本存量增加而人力资本固定不变，实物资本的边际生产率就会递减。然而如果人力资本随着实物资本的增加而同比例增加，每一单位实物资本对应的人力资本数量不变，则资本的边际生产率不会下降。第二种解释突出研发活动的作用。研发活动增加了包括新产品和新生产技术在内的具有商业价值的知识的存量。当资本和产出的增加推动研发活动时，由此带来的生产率增加可以抵消资本边际生产率下降，从而使资本边际生产率恒定。

2. 干中学模型

干中学模型的核心思想是在生产产品的过程中，劳动者不可避免地会思考、探索、尝试改进生产过程的方法。这样,在生产过程中,就可以积累知识。换言之,有的知识积累不是有意努力的结果,而是传统经济活动的副产品,这种知识积累被称为干中学模型。

这里我们要注意知识的"溢出效果"。不仅进行投资的厂商可以通过积累生产经验而提高生产率,其他未投资的厂商也可以通过学习投资厂商的经验来提高生产率。由于生产和投资对生产率提高有正向作用,因此技术进步被内生化。

3. 人力资本模型

人力资本模型的核心思想是强调资本积累的重要性,但扩展资本概念,使其既包括传统的实物资本,又包括人力资本。人力资本由特定工人的能力、技能和知识构成,是体现在劳动者身上的,以劳动者的数量和质量表示的非物质资本。类似传统经济产品,人力资本具有竞争性和可排他性,这与知识的特点完全不同。

人力资本的外部效应,使生产具有递增收益,这种源于人力资本外部效应的递增收益使人力资本成为"增长的发动机",因此技术进步被内生化。

4. 研发(R&D)模型

研发模型认为知识水平决定了劳动的有效性,如果用一定量的资本和劳动,能生产出更多的产品,那么其主要原因就在于技术进步。该模型在传统一个生产部门的基础上引入研究与开发部门,通过为知识的生产建立模型来研究技术进步的动态变化。

◆ 10.2 经济制度与政策

我们已经知道社会的生活水平取决于它生产物品和劳务的能力,那么哪些政府政策可以提高生产率、促进经济增长,进而提高人们的生活水平呢?制度在经济增长中又起到了怎样的作用呢?

10.2.1 促进经济增长的政策

1. 储蓄和投资

索洛模型解释了储蓄率是怎样影响一个经济的稳定状态资本和产出水平的。资本可以被用来生产产品和服务。如果一个经济体今天生产了大量的新资本品,那么明天它就拥有大量的资本存量,可以生产更多的产品和服务。因此,提高未来产出的一种方法是分配更多的现期资源生产资本品。

因为资源是稀缺的,把更多资源用于生产资本就要求把更少资源用于生产现期消费的物品与劳务。也就是说增加资本品的生产需要减少消费并将现期收入更多地储蓄起来。而增加的储蓄可以向投资物品的生产提供资金。这意味着一个经济体要在当期与未来的消费之间进行权衡取舍。

如果一个国家要通过政策影响国民储蓄率,它可以通过影响政府储蓄和私人储蓄来达到这个目标。政府可以通过税收和政府政策等影响政府储蓄,而所得税率、利息税率及相关的减免政策则会影响私人储蓄。

为了提高人均资本存量,由此来增加未来产出、工资,以及提高生活水平,政府可以鼓励外国资本流入本国。来自国外的投资可以是外商直接投资,即外国实体在本国拥有并经营的资本投资(如工厂)。也可以是外国有价证券投资,即用外国货币筹资,但由国内居民经营的投资。

2. 教育

从经济增长的角度看,人力资本和技术进步一样,都能对劳动力起到"增大"的作用。因此,人力资本对于一个国家实现长期的经济增长,同样具有非常重要的意义。政府可以通过发展教育来提高生产率,这可以被认为是人力资本投资。具体可以通过建设发展良好的公立学校、提供大学补贴贷款等方式鼓励人们接受教育。

3. 研究与开发

技术进步是长期生活水平提高的主要原因。技术进步是指能够提高生产劳动的效率,使得单位劳动效率增大,技术、组织和管理得以改进和变革等。

大多数国家推动技术进步的政策鼓励私人部门将资源投入到技术型发明中去,鼓励直接投资于各种重要的基础理论和基本技术研究。主要的政策有知识产权及保护、高技术产业的税收减免和加速技术折旧、对高技术产业的融资提供便利和优惠等。同时,现在各个国家都对大学尤其是研究性大学进行了重点投资,以增强大学的创新能力。

10.2.2 制度与经济增长

制度可以形成对人的刺激和约束,从而对人的目标和行为施加重大的影响。那么,什么样的制度有利于经济增长呢?我们首先来了解一下制度理论。

1. 制度理论

传统西方主流经济学将经济制度看作既定的前提,假定市场经济具有无摩擦交易、完备的信息和明确界定的产权,因此认为经济增长核心因素为资本、劳动力和技术。然而以诺斯为代表的新制度经济学派将制度纳入经济分析,认为经济增长的根本原因是制度的变迁,有效的产权制度是促进经济增长的决定性因素。

影响经济增长的经济制度主要包括以下几个方面。

1) 影响私人决策环境的要素,如合同履行程度、产权保护、法治等

稳定的政权是保障投资收益的基础。如果社会不能制止犯罪、国家发生内战,或外敌入侵,则投资的私人收益会大幅降低,总产出活动无法得到有效增加。

合同执行程度和法院对合同的解释程度影响长期投资项目的吸引力。如果合同得不到执行,或法院对合同的解释难以预料,则长期投资项目的收益会降低。

有效的产权保护提高投资的积极性。确定产权可以降低个人从事经济活动的外部性,使个人能够得到自己经济努力的全部成果,而在这种情况下,个人参与经济活动的积极性就不会受到压制。

保护竞争。竞争可以提高经济活动的效率。政府需要允许自由贸易并限制垄断势力,从而保护良性的竞争。

2) 寻租活动

寻租是指在没有从事生产的情况下,为垄断社会资源或维持垄断地位,从而得到垄断利润(亦即经济租)所从事的一种非生产性寻利活动。尽管设计良好的政府政策可以促进经济增长,但是,政府也可能是一个主要的寻租者。而政府没收、索贿、政府官员因获得好处而出卖利

益等有可能是政府主要的寻租形式。这些活动危害人民的生命和财产安全,阻碍经济的增长。

那什么是决定制度的因素呢?首先是激励,特别是现有制度中对权力的激励。例如,一个绝对独裁者宁愿要一个导致低人均收入的制度,而不愿意为了大量增加期望财富而甘冒被颠覆的很小风险。第二是文化因素,包括宗教、家庭结构和种族差异,也包括其他影响传统、权威、个人积极性、公民责任规范、人们相互信任程度的其他因素。第三是个人对经济发展最优制度和政策的信仰。理性的人对不同社会基础结构的优点看法不同,而制度差异的一个重要源泉是国家领导人对此判断的差异。

2. 制度变迁与经济增长

新制度经济学认为,人们的交易行为,是在一定的制度安排、组织约束下进行的,不同制度安排和制度结构对经济行为和经济绩效影响不同。而制度变迁是用效率较高的制度安排来代替效率较低的制度安排。制度变迁是指各个要素或结构随时间推移、环境变化而发生的改变,是制度的替代、转换和交易过程。如果制度变迁可以形成有效的所有权体系并降低交易费用,那么该变迁会促进经济增长。我们可以从中国的经验中证实制度变迁和经济增长的互动关系。

1) 中国农村土地联产承包责任制的改革

中国的改革是从农村开始的。具体来说,是从安徽凤阳小岗村基层干部自发实行土地承包责任制开始的。这是一个制度变迁自发演进的例子。计划经济体制的弊端逐渐显露,以致农民在衡量收益成本后自发进行改革。土地承包责任制对农民个体劳动成果进行一种权利的界定,推动农村激励机制的产生,提高生产积极性,优化资源配置。其带来的经济条件(包括资金、劳动力、市场条件等)和技术条件(包括制度安排、制度框架、激励机制、利益分配等)给中国之后的改革和经济增长提供了种种有利条件。

2) 中国非国有经济的兴起和发展

中国非国有经济的兴起和发展是中国制度变迁过程中重要的一步,为中国的经济发展注入了活力。非国有经济的发展是一种利益诱致性制度变迁。社会中原有的利益格局改变,利益的诱致性促使旧的利益集团分化,改变了社会中相互博弈的力量平衡,增大了所谓的创新利益集团力量,一方面使该集团在宪法秩序、制度安排上得到更有力的增长,另一方面,使社会上的资源更多地流向自己集团的经济范围内,同时使自己的交易成本趋向最小化,进而推动经济的增长。非国有制经济的制度改革重新界定产权,从公有制产权演变出私有制产权模式,把利益分配明确化,生成了一种生命力强大的激励机制和竞争机制。改革发展和壮大了市场经济体制的力量,加快了市场化进程,增加国企面临的资源与成本竞争,从而提高了社会产出效率,推动了经济增长。

1. 生产函数提供给我们什么重要信息?
2. 索洛模型是否可以帮助解释趋同现象,即一个经济追上另一个经济的过程?
3. 画图对索洛增长模型提供基本说明,说明该模型为什么会出现稳态均衡?
4. 储蓄率的变化如何影响索洛模型中的稳态人均资本存量?储蓄率的变化是否会影响人均产出的增长率?

5. 人口增长率的变化如何影响索洛模型中的稳态人均资本存量？人口增长率的变化是否会影响人均产出的增长率？

6. 决定人均产出稳步增长的因素有哪些？

7. 什么是内生增长？内生增长模型与索洛模型有何不同？

8. 假定一个社会能对实物资本和人力资本这两类资本进行投资，那么对投资分配的选择是否可能影响其长期增长潜力？

9. 取消关税这类贸易限制是否会促进经济增长？为什么？

10. 讨论政府如果想要鼓励技术知识进步可以采取哪些办法。

第11章

货币与波动

上一章我们重点讨论了长期来看宏观经济学中最关键的问题即经济增长问题。然而,从短期来看,GDP每年都有波动。有的年份,国民收入正增长,即经济总量增加,人们生活水平提高。然而有的年份,经济会经历紧缩。企业无法卖出产品和服务,因此削减生产、解雇工人,经济总量和收入下降。那么,是什么因素引起经济活动的短期波动呢?一国政府是否可以利用公共政策来降低经济衰退带来的负面影响呢?这些问题将在这一章进行探讨。

◆ 11.1 货币供给与货币需求

货币在宏观经济学中是研究价格水平和通货膨胀的基础。此外,一些经济学家认为货币的变化在短期会影响实体经济比如产出和就业。因此我们首先分析货币的供给和需求。

11.1.1 货币

货币是指在经济活动中被广泛接受作为支付手段的资产。货币可以分为以下类型:商品货币,如金银、牲畜等;信用货币,即由贵金属或其他商品支持的纸币;法定货币,即没有商品支持从而没有内在价值的纸币,其地位是由法律所规定的。现在世界上的货币基本都为法定货币。

1. 货币的功能

货币拥有以下三个功能:交换媒介、计价单位和价值储存。

1)交换媒介

在没有货币作为交换媒介的情况下,人们之间进行交易都是以以物易物的方式进行,而这种方式是一种非常没有效率的方式,因为以物易物是要双方都需要对方的物品。货币的出现降低了人们之间的交易成本,因为它降低了搜索交易对象所要花费的时间和精力。同时,货币的出现也有利于提升人们的生产率,因为在这种情况下,人们能够专注于其有比较优势的工作,人们生产出来的商品和服务也能以货币为媒介交换到其需要的商品和服务,生产率通过专业化分工而得到提升。

2)计价单位

货币是衡量经济价值的基本计价单位。在一个经济体内使用唯一的计价单位能够给经济的运行和不同商品之间的比较带来方便。实际上,货币的交换媒介职能和计价单位职能是密切相连的。因为绝大部分的商品是和货币进行交换,所以,用货币去衡量商品的价值就成为很自然的事情。当然,在一些特殊的情况下,经济体系可能(自发)采取法定货币以外的货币作为交易的计量单位。如在一些存在恶意通货膨胀的国家,人们在进行交易结算时往往采用黄金、白银等贵金属或者某种币值稳定的外币,如美元等。

3) 价值储存

货币作为一种可以在一定时期内保持其价值的资产,持有者可以使用它在未来进行购买。因此,货币提供了将当前的购买力转移到将来的职能。一种没有价值储存的资产是不能作为交换媒介的,因为各种交易在时间上是不同步的。没有价值储存,即不能保存购买力的货币是没有人愿意接受的。价值储存的职能并不是货币所独有,其他资产形式,如债券、股票、房子、艺术品等也有此职能。但是使用货币作为价值储存手段有其独特优势,即它的流动性(也就是在其价值没有任何损失的条件下迅速兑换为现金的能力)大于其他资产形式。

2. 货币的衡量

经济学家按资产的流动性对货币进行了多种定义,即货币加总。如美联储货币数量测算口径分类中最主要的是通货、M1 和 M2。通货包括流通中的现金(纸币和铸币)。M1 包括流通中的现金+旅行支票存款+商业银行活期存款+其他支票存款。M2 包括 M1+储蓄存款+小额定期存款+货币市场共同基金和其他存款。在各种测算口径中,并没有孰优孰劣之分,根据不同的需要,我们可以选择不同的测算口径。

11.1.2 货币供给

货币的发行量都是由中央银行控制的,中央银行可以通过货币政策来达到控制货币量的目的。货币供给包括公众手中的通货,也包括家庭在银行中可用于交易需求的存款。

中央银行调节货币供给的工具主要有以下三个。

1. 公开市场操作

公开市场操作即中央银行通过在公开市场上买卖政府债券,来调节货币的供给。当买入政府债券时,货币的供给增加。当卖出政府债券时,货币的供给减少。这是中央银行最重要的货币约束工具。

2. 法定准备金率

银行从储户手中得到但并不贷出去的存款称为存款准备金。中央银行有权决定法定准备金率。如果中央银行调低法定准备金率,则货币的供给会增加,但法定准备金率的变化会影响商业银行的正常业务,增加商业银行的经营风险。

3. 再贴现率

再贴现率是商业银行向中央银行借款时应该支付的利率,这一利率由中央银行决定。如果中央银行降低再贴现率,则商业银行向中央银行借款时的成本会降低,这会鼓励商业银行向中央银行借款,从而增加商业银行的准备金,导致货币供给的增加。反之亦然。

虽然中央银行可以利用上述三个货币政策对货币供给进行调节,但货币供给的变动并不完全按照中央银行的意图进行。由于商业银行可以选择持有超额准备金的数量以及向中央银行借款的数量,因此,中央银行并不能完全控制货币的供给。在下文中,为了简化分析,我们假设货币的发行量(MS)完全是由中央银行控制,用图形可以表示为图 11-1。

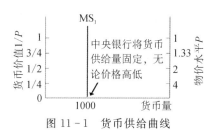

图 11-1 货币供给曲线

11.1.3 货币需求

货币需求指人们选择持有的现金、支票账户等货币资产的数量,反映了人们想以流动性形式持有的财富量。影响货币需求的因素包括以下几方面。

1. 一般价格或平均物价水平

价格越高,正常交易所需要的货币就越多,人们选择持有的货币就越多。或者说因为物价水平的上升减少了货币价值,因此需要更多的货币去购买物品与劳务。在其他条件不变时,名义货币需求和价格水平同比例变化。即当价格上升 2 倍时,货币需求也增加 2 倍。

2. 实际收入

实际收入增加会增加个人或企业的交易量,因此对流动性和货币的需求增大。

3. 名义利率

当风险和流动性保持不变时,货币需求取决于货币及其他非货币资产的预期收益。货币预期收益的提高能增加货币需求,而其他资产预期收益的提高则会使财富所有人将货币转换为其他高收益资产,从而降低了货币需求。因此,非货币资产名义利率的提高减少货币需求量,反之亦然。

4. 其他因素

其他因素如财富、支付技术、其他资产的流动性等。

我们可以用图 11-2 表示货币需求曲线。

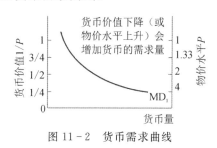

图 11-2 货币需求曲线

货币需求曲线向右下方倾斜,表示当货币价值较低(物价水平较高)时,人们需要更多的货币来购买产品和服务,货币需求(MD)较高。

11.1.4 均衡物价水平的决定

在长期中,一般价格水平需要调整到使货币供给等于货币需求的水平。如果一般价格水平高于均衡水平，人们需要的货币量大于中央银行提供的货币量，价格水平必须下降达到供求平衡。如果一般价格水平低于均衡水平，货币需求量小于货币供给量，价格水平必须上升达到供求平衡。如图 11-3 所示，货币供给和货币需求的均衡决定了货币价值和价格水平。

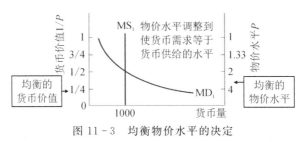

图 11-3 均衡物价水平的决定

◆ 11.2 总供给和总需求

我们利用总供给总需求模型来研究短期经济波动。该模型关注两个变量的行为：用实际 GDP 来衡量的经济中产品和服务的总产出；用 CPI 或 GDP 平减指数来衡量的一般物价水平。

11.2.1 总供给

总供给是指在任意价格水平下，企业愿意提供的产品的总量。总供给曲线反映了价格水平与产品总供给量之间的关系。由于企业愿意供给的产品数量取决于产品的价格、支付给工人的工资和其他生产要素，总供给曲线不仅反映了产品市场的情况，也反映了劳动市场的情况。在分析总供给曲线时，要区分长期总供给曲线和短期总供给曲线。

1. 长期总供给曲线

根据古典模型，在长期中，价格和工资都可以进行调整使得市场出清，所有生产要素都被充分利用，劳动达到充分就业，总产出达到经济中的潜在产出水平，这是企业在利润最大化时愿意提供的产出，也是长期总供给。

因此，如图 11-4 所示，长期总供给曲线是一条垂直的直线。它表明不论价格水平如何变化，供给的产品数量都不会发生变动，总供给由技术进步和资本、劳动等要素投入数量决定。

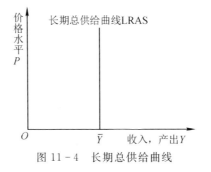

图 11-4 长期总供给曲线

任何导致充分就业下产出增加的因素会使长期总供给曲线右移，任何导致充分就业下产出减少的因素则会使长期总供给曲线左移。

2. 短期总供给曲线

在短期中,一些价格是黏性的,不能根据需求的变动做出调整。由于这种价格黏性,短期总供给曲线不是垂直的。一个极端的例子是,假设价格在短期内保持固定,那么在这些价格上,顾客愿意购买多少,企业就愿意售出多少。这时,如图 11-5 所示,短期总供给曲线就是一条水平的直线,它表示在现行价格下企业愿意供给任意有需求的产品数量。

因为短期总供给曲线的移动和价格水平有关,如企业的成本增加会导致企业在短期内增加产品的价格,从而导致短期总供给曲线往上移动。

图 11-5 短期总供给曲线

11.2.2 总需求

总需求是产出需求量与物价总水平之间的关系,即在任何一种既定的物价水平时人们想购买的物品和劳务。我们可以用货币供给和货币需求的均衡关系推导出总需求曲线。

货币供给等于货币需求时的货币量被称为实际货币余额。根据实际货币余额的供给和需求,我们可以写出以下均衡式:

$$M/P = (M/P)^d = kY$$

其中,M 为名义货币供给;P 为价格水平;M/P 为实际货币余额的供给;$(M/P)^d$ 为实际货币余额的需求;Y 为实际产出量;k 是一个常数,代表人们对每一元收入想持有多少货币的一个参数,它表明货币需求与产出是同比例的。

根据这个均衡式中价格和产出的关系,我们可以得到总需求曲线,如图 11-6 所示。

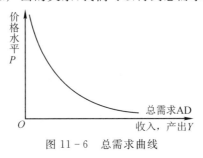

图 11-6 总需求曲线

总需求曲线向右下方倾斜,它是在名义货币供给 M 为一个给定值时绘出的。产出越高,人们进行的交易就越多,实际需要的货币余额 M/P 就越多,对于一个固定的名义货币供给 M,这意味着价格水平就越低。反过来,如果物价总水平越低,实际货币余额就越高,更高的实际货币余额允许更大的交易量,这意味着产出的需求量越高。

总需求曲线是对于一个给定的名义货币供给 M 值,价格和产出所有可能的组合。如果货币供给改变,则需求曲线会发生移动。如果货币供给减少,对于任何给定的价格水平而言,实

际货币余额 M/P 减少,因此产出减少。总需求曲线向左下方移动。如果货币供给增加,则总需求曲线向右上方移动。

11.2.3 均衡水平

在总需求总供给模型中,长期均衡是用总需求曲线 AD 和长期总供给曲线 LRAS 的交点表示的。因为长期总供给曲线是垂直的,总需求的变动影响价格但不影响产出。当经济处于长期均衡时,产出等于充分就业产出,各个市场都达到均衡,因此长期均衡也是经济的一般均衡。

短期均衡是用总需求曲线 AD 和短期总供给曲线 SRAS 的交点表示的。短期中价格变化不灵活,总需求如果减少,价格仍然被黏在较高水平上,在需求低但价格高的情况下,企业产出减少。这种情况下,总需求变动会影响产出水平。

三条线的交点同时表示了宏观经济的长期均衡和短期均衡。当经济偏离一般均衡时,在经济力量推动下,SRAS 曲线和 AD 曲线将进行移动,最终三条曲线 LRAS 和 SRAS 将相交与一点。如图 11-7 所示。

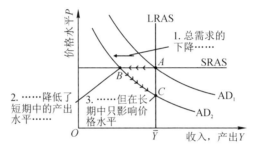

图 11-7 总需求-总供给框架下的长期和短期均衡水平

假定货币供给减少,总需求曲线向左下方移动,由于短期中价格黏性,产出从 A 到 B 点下降,就业减少,这意味着经济的衰退。随着时间的推移,作为对低需求的反应,工资和价格下降,价格水平下降使总需求上升,产出沿着 AD 曲线上升到 C 点。这是新的一般均衡点。相比旧的一般均衡点 A,新的一般均衡点产出和就业不变,价格下降。

11.3 经济波动

利用总需求总供给模型,我们可以说明经济波动是如何引起的,以及宏观经济政策可以如何对这些冲击做出反应。

11.3.1 经济冲击

经济学家把使总供给总需求曲线移动的外生事件称之为对经济的冲击。这些冲击将产出和就业推离了自然水平,扰乱了经济。可以按照冲击对象将其分为需求冲击和供给冲击。

1. 总需求冲击

任何改变消费、投资、政府购买或净出口的事件,除了物价水平的变动,都会移动总需求曲线。

(1) 消费变动引起的移动:股市繁荣/大跌,消费与储蓄之间的权衡取舍的变化,增税/减税,等等。

(2) 投资变动引起的移动:企业购买新计算机、设备和建造新工厂,乐观预期/悲观预期,货币供给增加,利率下降;投资税收优惠或其他税收激励,等等。

(3) 政府购买变动引起的移动:政府在诸如国防、公路、学校等方面支出的变化。

(4) 净出口变动引起的移动:购买我们出口产品的国家经济的繁荣/衰退,外汇市场上国际投机者引起货币升值/贬值,等等。

2. 总供给冲击

任何改变决定生产产品和服务成本的事件都会使长期总供给曲线移动。

(1) 劳动或自然失业率变动引起的移动:移民,生于婴儿潮时期的人的退休,政府降低自然失业率的政策,等等。

(2) 实物资本或人力资本变动引起的移动:更多人获得大学文凭,资本存量由于天灾减少,等等。

(3) 自然资源变动引起的移动:新矿藏资源的发现,进口石油供给的减少,影响农业生产的气候模式变化,等等。

(4) 技术知识变动引起的移动:技术进步提高生产率,等等。

11.3.2 分析经济波动

经济冲击可能对经济造成什么短期或长期的影响呢?我们可以利用总需求总供给模型来分析。分析宏观经济波动可以根据以下4个步骤进行:

(1) 确定某个事件是使总需求曲线移动,还是使总供给曲线移动(或者两条曲线都移动)。
(2) 确定曲线移动的方向。
(3) 用总需求和总供给图说明这种移动如何影响短期的产量和物价水平。
(4) 用总需求和总供给图分析经济如何从新的短期均衡变动到长期均衡。

根据这些步骤,我们利用两个例子来分析经济波动。

【例11-1】股票市场崩溃。

这一事件对短期和长期均衡的影响可以由图11-8表示。

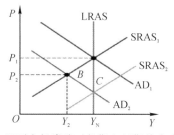

图11-8 股票市场崩溃对长期和短期均衡水平的影响

根据以上4个步骤的分析如下:①股票市场崩溃会减少个人收入从而影响消费,总需求曲线会变化。②消费减少,所以AD曲线向左下方移动。③短期在B点达到均衡,物价水平与产出都下降,失业增加。④在长期中,SRAS曲线一直向右移动,直到达到长期均衡点C。产出与失业回到起始水平,均衡价格下降。

【例 11-2】石油价格短暂上涨。

这一事件对短期和长期均衡的影响可以由图 11-9 表示。

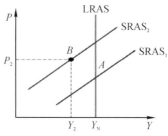

图 11-9　石油价格短暂上涨对长期和短期均衡水平的影响

根据以上 4 个步骤的分析可得知：①燃料价格上升使生产成本上升，由于该变化是短暂的，所以长期总供给曲线不变，短期总供给曲线移动。②短期总供给曲线向左移动。③短期均衡在点 B，价格上升，产出下降，失业率上升。从 A 点到 B 点有一段滞涨时期，即产出下降而物价水平上升的一段时期。④长期石油价格回落，短期总供给曲线向右移动，回到原来的长期均衡点。产出、价格和失业率回到原来水平。

根据总需求总供给模型，我们可以看到，政策制定者可以采用稳定化政策来降低短期经济波动的严重性。例如，当不利的供给冲击使短期总供给曲线向上移动从而造成产出减少、物价水平上升时，政府可以通过增加政府购买、刺激投资和消费等手段增加总需求来抵消不利的供给冲击，从而在短期内减少产出下降。然而这样做的代价是持续的较高物价水平。

 思考与练习

1. 如何区分经济中的货币和其他资产？
2. 哪些经济因素可以影响人们的货币需求？
3. 什么是再贴现率？当中央银行降低再贴现率时，货币供给会发生什么变动？
4. 什么是法定准备金？当中央银行降低法定准备金率时，货币供给会发生什么变动？
5. 中央银行能否完全控制货币供给？为什么？
6. 总供给曲线和总需求曲线分别描述的是什么？
7. 为什么古典总供给曲线是垂直的？为什么凯恩斯总供给曲线可以是水平的？
8. 说明总需求曲线向下倾斜的原因。
9. 如果政府要降低所得税，这将在短期如何影响产出和价格水平？在长期如何影响产出和价格水平？请画图说明。
10. 如果产生了一项非常重要的科学技术发明从而提高了生产率，这将在短期如何影响产出和价格水平？在长期如何影响产出和价格水平？请画图说明。

参考文献

[1] 阿西莫格鲁,莱布森,李斯特.经济学:微观部分[M].卢远瞩,尹训东,译.北京:中国人民大学出版社,2016.

[2] 艾瑞里.不诚实的诚实真相[M].胡晓姣,李爱民,何梦莹,译.北京:中信出版社,2013.

[3] 艾瑞里.怪诞行为学:可预测的非理性[M].赵德亮,夏蓓洁,译.北京:中信出版社,2008.

[4] 艾瑞里.怪诞行为学2:非理性的积极力量[M].赵德亮,译.北京:中信出版社,2010.

[5] 古尔斯比,列维特,西维尔森.微观经济学[M].杜丽群,等译.北京:机械工业出版社,2016.

[6] 曼昆.经济学原理:第5版:微观经济学分册[M].梁小民,梁砾,译.北京:北京大学出版社,2009.

[7] 平狄克,鲁宾菲尔德.微观经济学:第8版[M].李彬,高远,等译.北京:中国人民大学出版社,2013.

[8] 斯蒂格里茨.经济学:第2版[M].梁小民,黄险峰,译.北京:中国人民大学出版社,2000.

[9] 张国平.高级财务管理[M].西安:西安交通大学出版社,2005.

[10] AXELROD R. The evolution of cooperation[J]. Basic Books,1984.

[11] DELLAVIGNA S, LIST J A, MALMENDIER U. Testing for Altruism and Social Pressure in Charitable Giving[J]. The Quarterly Journal of Economics,2012,127(1):1-56.

[12] JENSEN R, MILLER N. Giffen Behavior and Subsistence Consumption[J]. American Economic Review,2008,98(4):1553-1577.

[13] KARLAN D, LIST J A. Does price matter in charitable giving? Evidence from a large-scale natural field experiment[J]. American Economic Review,2007,97(5):1774-1793.

[14] LANDRY C E, LANGE A, LIST J A, et al. Toward an understanding of the economics of charity: Evidence from a field experiment[J]. The Quarterly Journal of Economics,2006,121(2):747-782.

[15] LEE B. The Effect of Advertising on the Price of Eyeglasses[J]. The Journal of Law and Economics,1972,15(2):337-352.

[16] LIST J A, LUCKING-REILEY D. The Effects of Seed Money and Refunds on Charitable Giving: Experimental Evidence from a University Capital Campaign[J]. Journal of Political Economy,2002,110(1):215-233.

[17] LIST J A. On the Interpretation of Giving in Dictator Games[J]. Journal of Political Economy,2007,115(3):482-494.
[18] PLASSMANN H,O'DOHERTY J,SHIV B,et al. Marketing actions can modulate neural representations of experienced pleasantness [J]. Proceedings of National Academy of Sciences,2008,105(3):1050-1054.
[19] SIMON H A. Models of Bounded Rationality[M]. Cambridge,MA:MIT Press,1982.